Evandro Mendonça
inspirado pelo
Senhor Exu Marabô

EXU
E SEUS ASSENTAMENTOS

© 2017, Editora Anúbis

Revisão:
Luciane Gomide

Capa e diagramação:
Edinei Gonçalves

Dados Internacionais de Catalogação na Publicação (CIP)
(Câmara Brasileira do Livro, SP, Brasil)

Marabô, Exu (Espírito).
   Exu e seus assentamentos / inspirado pelo Exu Marabô; [psicografado por] Evandro Mendonça. – São Paulo, SP: Anúbis, 2017.

   ISBN 978-85-86453-23-6

   1. Exu 2. Mistério 3. Umbanda (Culto) I. Mendonça. Evandro. II. Título.

10-00845   CDD-299.67

Índices para catálogo sistemático:
1. Exu : Teologia de Umbanda : Religiões de origem africana   133.93

São Paulo/SP – República Federativa do Brasil
Printed in Brazil – Impresso no Brasil

Este livro segue as novas regras do Acordo Ortográfico da Língua Portuguesa.

Os direitos de reprodução desta obra pertencem à Editora Anúbis. Portanto, não é permitida a reprodução total ou parcial desta obra, de qualquer forma ou por qualquer meio eletrônico, mecânico, inclusive por meio de processos xerográficos, incluindo ainda o uso da internet, sem a permissão expressa por escrito da Editora (Lei nº 9.610, de 19.2.98).

Distribuição exclusiva
Aquaroli Books
Rua Curupá, 801 – Vila Formosa – São Paulo/SP
CEP 03355-010 – Tel.: (11) 2673-3599
atendimento@aquarolibooks.com.br
Impressão e acabamento: Mark Press Brasil

Sumário

Pai Nosso de Umbanda	7
Préce de Cáritas	8
Dedicatória	9
Prolegômenos	10
Prece ao seu Exu	11
Palavras do Autor	15
Introdução	21
Primeira Parte – Exus e suas características	29
Segunda Parte – Assentamentos com Ervas	111
Terceira Parte – Assentamentos com Aves	129
Quarta Parte – Assentamentos com Aves consideradas meio quatro Pés	145
Quinta Parte – Assentamentos com Animais de quatro Pés	151
Mensagem do Exu Marabô	169
Recomendações	171

São Miguel de Alma

Chefe de toda a linha de esquerda

Pai Nosso de Umbanda

Pai-nosso, que estais no céu, nos mares, nas matas e em todos os mundos habitados.

Santificado seja teu nome, pelos teus filhos, pela natureza, pelas águas, pela luz e pelo ar que respiramos.

Que o teu reino do bem, do amor e da fraternidade nos daí a todos, a tudo que criastes, em torno da sagrada cruz, aos pés do Divino Salvador e Redentor.

Que a tua vontade nos conduza sempre para o culto do amor e da caridade.

Dá-nos hoje e sempre a vontade firme para sermos virtuosos e úteis aos nossos semelhantes.

Dá-nos hoje o pão do corpo, o fruto das matas, a água das fontes para o nosso sustento material e espiritual.

Perdoa se merecemos as nossas faltas.

E dá sublime sentimento do perdão para os que nos ofendem.

Não nos deixe sucumbir ante a luta, dissabores, ingratidões, tentações dos maus espíritos e ilusões pecaminosas da matéria.

Envia Pai, um raio de tua divina complacência, luz e misericórdia, para os teus filhos pecadores, que aqui labutam pelo bem da humanidade, nossa irmã.

Prece de Cáritas

Para ser rezada ao iniciar os trabalhos

Deus, nosso pai, que tendes poder e bondade, daí a força àquele que passa pela provação, a luz àquele que procura a verdade, ponde no coração do homem a compaixão e a caridade.

Deus... dai ao viajor a estrela guia, ao aflito a consolação, ao doente o repouso.

Pai... dai ao culpado o arrependimento, ao espírito a verdade, à criança o guia, ao órfão o pai.

Senhor, que vossa bondade se estenda sobre tudo que criastes.

Piedade, meu Deus, para aquele que não vos conhece, esperança para aquele que sofre.

Que a vossa bondade permita hoje aos espíritos consoladores derramarem por toda a parte a paz, a esperança e a fé.

Deus, um raio, uma faísca do vosso amor pode abrasar a terra; deixai-vos beber na fonte dessa bondade fecunda e infinita e todas as lágrimas secarão, todas as dores se acalmarão; um só coração, um só pensamento subirá até vós, como um grito de reconhecimento e amor.

Como Moisés, sobre a montanha nós esperamos com os braços abertos para vós, ó poder! Ó bondade! Ó beleza! Ó perfeição! E queremos de alguma sorte forçar vossa misericórdia.

Dai-nos a caridade pura, dai-nos a fé e a razão, a simplicidade que fará das almas o espelho de vossa imagem. Amém!

Dedicatória

Dedico esta obra especialmente à minha entidade Exu Marabô, pelo companheirismo, dedicação, pela doutrina passada a mim e aos meus filhos de santo, pela sabedoria, inteligência, amor, por sua evolução e por me inspirar dias e noites a fazer esta belíssima obra referente a Assentamentos de Exu. Tenho certeza que a obra vingará e dará bons frutos à religião de Umbanda e sua Linha de Esquerda. Não posso esquecer de sua companheira de assentamento Pomba Gira Maria Padilha que nunca deixou que meus caminhos fossem totalmente fechados pelas forças negativas lançadas sobre mim aqui na terra e no astral. Agradeço a essas duas entidades por tudo que têm me dado de bom.

Laroiê Exu Marabô

Laroiê Pomba Gira Maria Padilha

Prolegômenos

Fenômenos alheios às leis da ciência humana se dão por toda parte, revelando na causa que os produz a ação de uma vontade livre e inteligente.

A razão diz que um efeito inteligente há de ter como causa uma força inteligente e os fatos hão provado que essa força é capaz de entrar em comunicação com os homens por meio de sinais materiais.

Interrogada acerca da sua natureza, essa força declarou pertencer ao mundo dos seres espirituais que se despojaram do invólucro corporal do homem. Assim é que foi revelada a Doutrina dos Espíritos.

As comunicações entre o mundo espírita e o mundo corpóreo estão na ordem natural das coisas e não constituem fato sobrenatural, tanto que de tais comunicações se acham vestígios entre todos os povos e em todas as épocas. Hoje se generalizaram e tornaram patentes a todos.

Os espíritos anunciam que chegaram os tempos marcados pela Providência para uma manifestação universal e que, sendo eles os ministros de Deus e os agentes de sua vontade, têm por missão instruir e esclarecer os homens, abrindo uma nova era para a regeneração da Humanidade.

Prece ao seu Exu

Eu creio em ti, senhor Exu (*nome do seu Exu*)!

Eu creio em ti, senhor, porque te sentindo sempre em torno de minha humilde pessoa, eu sinto que está presente nas mais estranhas regiões de meu ser.

E te sentindo nas profundezas de minha alma, vive presente em minha vida cotidiana: no meu olhar, no meu ouvir, nos meus gestos, nas minhas palavras.

Eu creio em ti, senhor Exu (*nome do seu Exu*)!

Eu creio em ti, senhor, porque me dando a dor, dá-me também forças para suportá-la e, proporcionando-me o sofrimento, concede-me, por tua bondade e justiça oportunidade de redimir minhas faltas de vidas pretéritas. E, redimindo-me, posso seguir-te e, um dia, seguir-te, compreender-te e viver a tua grandeza.

Eu creio em ti, senhor Exu (*nome do seu Exu*)!

Eu creio em ti, senhor e te conduzo comigo, nos meus êxitos e nos meus fracassos, nas minhas dores e nas minhas alegrias, no meu riso e nas minhas lágrimas. Somente tu, senhor Exu (*nome do seu Exu*) faz-me compreender a grandeza e mesquinhez das criaturas humanas; compreendendo-as, eu as amo e a ti, senhor!

Eu creio em ti, senhor Exu (*nome do seu Exu*)!

Porque atendestes minhas súplicas Mestre e Amigo!

Quantas vezes me sufocastes o pranto!

Quantas vezes Exu (*nome do seu Exu*)!

Deixando-me em troca a esperança, a fé!

Eu creio em ti, senhor Exu (*nome do seu Exu*)!

Eu creio em ti, senhor, porque é como o ar que respiro e com ele a vida.

Eu creio em ti, senhor Exu (*nome do seu Exu*)!

Porque sendo invisível, eu te sinto; estando em silêncio eu te ouço. Porque és como a brisa que embala minha alma, que conduzirás um dia aos pés do supremo. Assim espero, com meus erros e acertos; conduzidos por ti sei que chegarei um dia ao sublime altar de eternidade e lá saberei receber, com dignidade, o prêmio que me estiver reservado. Seja qual for o valor, será o que eu merecer.

Eu creio em ti, senhor Exu (*nome do seu Exu*)!

Eu creio em ti, senhor, porque te sinto na natureza:

Na terra, no ar, no infinito e até na sutil flor sinto a tua presença, espargindo o aroma de seu próprio ser.

Eu creio em ti, senhor Exu (*nome do seu Exu*)!

Eu creio em ti, Senhor, porque sinto teu poder na fala simples do humilde, do injustiçado que crê em ti; no preso, no enfermo, no desesperado que confia em teu poder e na tua justiça, poder que iluminará como os raios de sol o leito do enfermo, o cubículo sombrio do presidiário.

Eu creio em ti, senhor Exu (*nome do seu Exu*)!

Eu creio em ti porque me socorreste no momento de aflição e desespero; que me ergueste quando sob o peso da intriga e da calúnia todos me desprezavam, mas tu, ó meu Senhor e amigo, me erguestes e apontastes o caminho a seguir-te. Eis eu aqui!

Eu creio em ti, meu Amigo e mestre Exu (*nome do seu Exu*)!

Porque te reencontrei, e reencontrando-te, encontrei a mim mesmo.

Eu creio em ti, meu Senhor!

Eu creio em ti, pois jamais me abandonaste e, por isso esforço-me por seguir-te, ser mais um humilde discípulo de tuas sabias lições.

Eu creio em ti, Senhor!

Pois longa e espinhosa tem sido a estrada que me indicaste, mas enorme é a Fé que em ti deposito e bem maior a compensação de segui-lo, tê-lo como um mestre, um amigo.

Mas, meu senhor, se um dia a aspereza da estrada que seguis para me ajudar impuser um fim a meu frágil e insignificante ser impedindo-me de chegar, ainda que exausto, aos teus pés, eu te suplico: permiti que ao menos, por compaixão, que meus últimos passos sejam dados em tua direção, que eu caia, enfim, humildemente, à tua sombra senhor!

Adaptado para o seu Exu individual
(José Ribeiro e de Celso – tranca-rua das Almas)

Ponto de Oxalá

Oxalá meu pai,
tem pena de nós tem dó;
se a volta do mundo é grande,
seus poderes são bem maior.

Ponto do Maioral

Bateu asa e canta o galo
na hora em que Jesus nasceu;
quem manda nessas alturas meu senhor,
quem pode mais do que eu.

Palavras do Autor

Gostaria de começar essas palavras pedindo a todos os Pais de Santos, Mãe de Santos, Babalorixás, Yalorixás Caciques e Chefes de Terreiro que ensinem, transmitam e passem fundamentos não só aos seus filhos de santo, mas também às pessoas leigas, médiuns e iniciantes na religião de Umbanda e sua Linha de Esquerda, para que possam assimilar tudo sobre energias e práticas da natureza usadas no ritual e assim tornando-se adeptos da mesma. Só assim faremos com que a religião de Umbanda e sua Linha de Esquerda cresça cada vez mais. Juntos, poderemos derrubar o preconceito sobre a nossa religião. Vamos ensinar e passar, transmitir e divulgar, orientar as pessoas sobre a religião e tudo o que há de bom nela: Umbanda e sua Linha de Esquerda.

Na nação dos Orixás eu fui aprontado por um Babalorixá (Miguel de Oiá) ao qual eu tenho muito respeito. Recebi dele os meus axés e os fundamentos da religião Africana. Entretanto, na Umbanda e sua Linha de Esquerda eu fui feito por mim mesmo e por minhas entidades. Apesar do termo "fui feito" na Umbanda e Sua Linha de Esquerda ou "quem te fez" na Umbanda e sua Linha de Esquerda, essas palavras não existem, porque Exu, Caboclos, Preto-Velhos, Erês, Ciganos etc., não se faz, são espíritos de pessoas que já viveram. Portanto não se faz nada. Apenas se assenta com alguns rituais que fazem a ligação entre as pessoas e o espírito ancestral.

O termo correto é "doutrina" (Quem te doutrinou na Umbanda e sua Linha de Esquerda). Médiuns todos nós somos. Só precisamos doutrinar a nossa mediunidade. Portanto, se você é uma pessoa boa de coração, honesta, trabalhadora, educada e de bons pensamentos para si e para com os outros, você está apta a fazer, ter ou receber de alguém os seus assentamentos (Ponto de Força).

Qualquer pessoa, leigo, médiuns ou iniciantes podem fazer o seu assentamento, assim como eu fiz o meu junto às minhas entidades. É claro que a pessoa deve ter muita responsabilidade. Tanto ela quanto a entidade. Deve usá-lo somente para bons fins, caso contrário não surgirá efeito e a pessoa fica sujeita a uma desvitalização e negativação total em sua vida.

E se você incorpora a sua entidade, arrume todo o material necessário e deixe-a, incorporada em você, fazer o seu assentamento.

Assentamento (Ponto de Força) de Exu significa usufruir de energias positivas favoráveis à pessoa que traz força, defesa etc. O dono (a) de casa, comerciante, viajante, pequeno ou grande empresário ou trabalhador comum, pode ter o seu assentamento (ponto de força), casal de Exu e Pomba-Gira que mais for adequado. As entidades assentadas se transformam num ponto de força. Basta cuidar com o mínimo (eventualmente acenda uma vela, um charuto, sirva um copo de cachaça, uma taça de champanhe, um cigarro etc.). Trate-a como gostaria de ser tratado. Elas se encarregarão de cuidar e dar direção à sua vida, para melhor, de te defender dos inimigos, olho, inveja, traição etc. Elas abrirão os seus caminhos para o dinheiro, negócio, saúde, felicidade, prosperidade, amor, sorte, tranquilidade, paz de espírito etc. Trará a você pessoas influentes para comprar, vender, trocar, negociar, pagar, assinar contratos fazer parcerias e negócios, enfim, facilitará a sua vida.

Nas páginas seguintes explicarei e ensinarei "segredos de Religião", que teoricamente não podem ser ensinados. Mas se Deus colocou essas energias (Forças, Entidades) no mundo, na natureza, não pode ser segredo, caso contrário, Deus não as colocaria à sua disposição.

A obra foi escrita através da inspiração e impulso que tive do Senhor Exu Marabô que, com sua sabedoria, dedicou a você esses ensinamentos básicos para te ajudar e às pessoas que precisam ou que se sentem atraídas pela Religião de Umbanda e sua Linha de Esquerda.

E, como o Senhor Exu Marabô diz:

> *"[...] Sou eu, sou eu, e não me troco por ninguém. Sou eu, sou eu, e não me troco por ninguém. [...]"*

"O Sol nasceu para todos." E, quanto mais ensino, mais inspirado sou pelas verdadeiras entidades. E aquele que concorda comigo, tem o meu abraço fraterno como amigo e irmão. Aquele que não concorda e critica, eu peço que me prove o contrário. Criticar é fácil. Difícil é mostrar o porquê da crítica.

Encerro aqui afirmando que tenho conhecimento de que a obra é polêmica, complexa. Sei que receberei demandas de todos os lados, porém eu digo: sou de religião, sou crítico até comigo mesmo e sempre serei assim. E, se fui inspirado pelo Senhor Exu Marabô a fazer esta obra, acredito e tenho plena confiança nele, de que me defenderá de tudo e todos. Sei que não faremos milagres. Mas ajudaremos pessoas e espíritos perdidos dentro da religião, à procura da evolução.

Aproveito para comentar do Axé de Facas (Obé), liberação para cortar. Outro assunto polêmico dentro do ritual de Umbanda e sua Linha de Esquerda, aonde se diz que a faca tem que ser dada pelo Pai de Santo, Mãe de Santo, Babalorixá, Yalorixá, Caciques e Chefes de Terreiros.

Eu o ignoro totalmente:

1. Sou a prova viva do meu assentamento (ponto de força). Eu e minhas entidades.

2. Estamos falando de espíritos (Entidades) conscientes que viveram e hoje incorporam aqui na Terra.

3. Não estamos falando de Nação Africana (Orixás).

4. Alguém deve ter começado isso tudo. Seja uma matéria ou espírito. Esse usou a faca (Obé) pela primeira vez.

5. Existe a Lei do Livre Arbítrio tanto para a matéria quanto para o Espírito. Usar ou não a faca (Obé).

6. A faca é que deve ser sagrada e consagrada para o corte às entidades. Não a pessoa ou espírito (Entidade).

7. Somos seres humanos conscientes, capacitados e inteligentes o suficiente para sabermos o que queremos entre o bem e o mal.

8. O assentamento (ponto de força) é seu. Faça-o. Experimente e cuide para saber se está tendo resultado ou não. Se você não estiver tendo resultados não estará prejudicando ninguém. Nem mesmo a si próprio. Tudo foi feito às suas entidades ou às entidades escolhidas por você com amor. E, se o bem não fizer o mal também não o fará. Porque nenhuma entidade verdadeira quer o mal de uma pessoa. Mesmo ela fazendo algo errado sem saber. Se isso acontecer com você, de não ter resultados, aí sim, procure uma pessoa de confiança, mostre o seu assentamento (ponto de força) e tente junto a ela e às entidades corrigir algo errado.

Muito cuidado com a escolha da pessoa. E não mude muita coisa no assentamento. Você não está totalmente errado. Apenas deve ter cometido alguma falha, o que é normal tanto para uma pessoa quanto para uma entidade. Principalmente se não estiverem bem desenvolvidos.

Obs.: Em algumas casas de Umbanda e sua Linha de Esquerda ainda se pratica alguns rituais de Axés (liberação à entidade) como Axé de Faca, Axé de Capa, Axé de Chapéu, Axé de Bengala, Axé de Calçado, Axé de Cadeira e também um dos mais polêmicos, o Axé de Língua (Fala).

Se uma entidade é verdadeira, não precisa de Axé nenhum para usar alguma coisa ou falar o que quiser. Afinal, esse é o motivo da vinda dela na Terra. O que acontece é que uma entidade verdadeira é tão humilde na busca da sua evolução e de seu filho, que deixa se submeter aos rituais de prova ou Axés. Não para provar que é uma entidade verdadeira, mas para ajudar no controle de giras ou sessões de Umbanda e sua Linha de Esquerda. Isso inibe a incorporação de quiumbas ou espíritos obsessores que, às vezes, se passam por entidades.

Com esses rituais ficam acuados com medo de não passar nesses rituais ou provas e muitas vezes subindo (desincorporando), nunca mais voltando a incorporar naquela pessoa ou casa de religião.

Você pode presentear a sua entidade com o que quiser. Ou com o que ela pedir. Tratá-la como gostaria de ser tratado. Se algum dia você for participar ou presenciar o Axé de Língua (Fala), faça de portas fechadas, num dia de Gira ou Festa, longe dos olhos do público e de outras entidades que ainda não tenham o Axé de Língua (Fala). Para o ritual, uma ou duas pessoas incorporadas com suas entidades que já tenham o Axé de Língua (Fala), com exceção do Pai de Santo, Mãe de Santo, Babalorixá, Yalorixá, Caciques e Chefes de Terreiros.

Deixo um aviso: não adianta você encher a cabeça de segundas intenções. Pegar este livro e uma faca e sair matando galinha a torto e a direito. Isso não o levará a nada. A não ser a sua desvitalização total, material e espiritual ativada por essa própria força contrária lançada sobre você por você mesmo.

A finalidade desse livro é ajudar as pessoas que querem crescer e evoluir cada vez mais: materialmente e espiritualmente.

Obs.: Se tiver um Pai de Santo, Mãe de Santo, Babalorixá, Yalorixá, Caciques e Chefes de Terreiros de sua inteira confiança e quiser chamá-lo (a) para fazer o seu assentamento e dar o Axé de Faca (Obé) e outros, com certeza será melhor. Além dessa pessoa já conhecer o fundamento da Religião, ela dará uma raiz e um nome para você se apoiar e aprender mais. E, junto com os Axés, te passará o fundamento de como cultuar e cuidar de suas entidades.

Saravá Umbanda

Saravá Linha de Esquerda

Laroiê Exu Marabô

Introdução

Falar sobre essas entidades polêmicas para uns e adoradas para outros não é fácil. Vou começar pelas qualidades de poder que tem o Exu:

> *Escrever reto em linhas retas*
> *Escrever torto em linhas tortas*
> *Escrever reto em linhas tortas*
> *Escrever torto em linhas retas*
> *Faz o erro virar acerto e o acerto virar erro*

Poder esse que só conseguiu por ser uma das entidades mais humanizadas, que sabe distinguir o certo do errado não sendo bom nem mal. Talvez porque já tenha vivido na terra como matéria.

Exu é força, é energia da natureza. Talvez se juntássemos as forças da água, fogo, ar, terra, teríamos Exu. E é baseado nas forças da natureza que dizem que "Sem Exu não se faz nada." E por esse motivo, Exu é considerado o agente mágico universal da natureza, executor da justiça, com seu jeito violento, brincalhão, honesto, irascível, bravo, suscetível, grosseiro, polêmico, educado, indecente, risonho e vaidoso. É o Senhor de todos os caminhos. É o símbolo da multiplicação e do crescimento. É o mensageiro dos Orixás. É quem leva e trás nossas súplicas, recados, pedidos e oferendas aos Orixás. É ele que abre nossos caminhos para todas as finalidades. É ele que nos protege dos inimigos, dos feitiços, do olho, da inveja, das coisas ocultas – é considerado o Dono dos Caminhos. É ele quem comanda a coordenação motora de cada um: anda, come, dança, bebe, fuma, brinca, dá gargalhada, fala a verdade e tem sentimento por cada um de nós.

Guardião das nossas casas, terreiros, templos, cidades, negócios e caminhos. Defende-nos de todas as coisas ocultas (olho, inveja, feitiço, assalto e inimigo oculto), é a polícia da Terra e do Astral. Está localizado na coluna vertebral (cundaline) significando assim a energia vital de natureza sexual. Também é considerado o dono do nosso corpo e da energia sexual do homem e da mulher. Exu consegue estar em tudo e em todos os lugares ao mesmo tempo. É como a águia, que é o único pássaro que consegue ver o mundo dos vivos e dos mortos ao mesmo tempo.

Todos nós temos o nosso Exu individual. É ele quem executa as tarefas do nosso Orixá, abrindo e fechando tudo. É uma energia vital que não morre nunca. E, ao ser potencializado aqui na Terra com assentamentos (ponto de força), passa a dirigir todos os caminhos do ser humano, procurando sempre destrancar e abrir o que estiver trancado ou fechado.

Não esqueça de oferendar algo. Ele é sempre o primeiro a receber suas oferendas. Portanto, antes de qualquer ritual para outra entidade, seja para negócio, amor, saúde etc. primeiro se ativa o Exu com alguma oferenda do seu agrado.

O Exu hoje está muito humanizado – talvez por estar sempre próximo ao ser humano, ou até mesmo por suas vidas passadas. Criou sua própria individualidade. Por esse motivo todas as pessoas têm o direito de oferendar o seu Exu individual – que é também o responsável pela fertilização do homem e da mulher. É o controlador e regulador das energias positivas e negativas referentes às atividades sexuais e de reprodução.

Exu abre e fecha todo e qualquer tipo de caminho. Está presente em todos os tipos de jogos de adivinhação, como cartas, búzios, tarôs etc. Sem o Exu, esses jogos não se concretizariam. É válido lembrar que Exu também comanda todos os tipos de jogos da sorte. Exu é uma energia poderosa e fortíssima. Está sempre atuando em tudo e em todos, dia e noite. E as suas sete ponteiras colocadas no assentamento com as pontas para cima representam os sete caminhos do homem. E, juntando-as às outras ferramentas, ervas, sangue (menga axorô), potencializam-se tornando esses caminhos mais seguros e de êxitos. E por esse motivo, hoje é uma das entidades mais cultuadas dentro da religião de Umbanda e sua Linha de Esquerda. Vive aqui na Terra no meio dos homens. Talvez por isso os pedidos e as oferendas dos homens direcionadas a Exu tenham um retorno muito rápido, na maioria das vezes com sucesso absoluto.

Exu é como nós: gosta do que nós gostamos, come o que nós comemos, quer o que nós queremos, bebe o que nós bebemos, fuma o que nós fumamos, odeia o que nós odiamos, adora o que nós adoramos, vive o que nós vivemos. Portanto, meu irmão, se você resolver assentar o seu Exu, ou caso já o tenha assentado, não só deve como pode oferendar no seu assentamento, com suas oferendas próprias, que servem para condensar e dispersar energias negativas e atrair energias positivas. Oferende também com bebidas, cigarros, alimentos, frutas e outras coisas que nós gostamos aqui na Terra.

Ex. 1: quando fizer um churrasco, nada o impede de tirar um pedaço pequeno, colocar em uma bandeja e oferendar em forma de agrado ao Exu no seu Assentamento. Serve para que nunca falte nada.

Quando tomar uma cerveja ou uma bebida diferente da que costuma colocar no seu Assentamento nada o impede de colocar um pouco em um copo e oferendar em forma de agrado ao Exu no seu Assentamento. Serve para que nunca falte nada.

Quando fizer ou comprar uma pizza, torta salgada ou qualquer tipo de salgadinho, nada o impede de colocar uma fatia ou algumas unidades em uma bandeja e oferendar em forma de agrado ao Exu no seu Assentamento. Serve para que nunca falte nada.

Quando fizer ou comprar algum tipo de doce caseiro nada o impede de servir um pouco em uma vasilha e oferendar em forma de agrado ao Exu no seu Assentamento. Serve para que nunca falte nada.

E assim sucessivamente. Afinal de contas, até quando nos é servido sempre a mesma coisa enjoamos. Com o Exu deve ser a mesma coisa.

Ex. 2: Carne de gado assada, carne de ovelha assada, carne de porco assada, galinha assada, linguiça assada, salsichão assado, arroz com couve decorado com ovo cozido, arroz com couve e linguiça. Pode ser decorado com ovo cozido, arroz com linguiça decorado com ovo cozido, somente arroz com couve, somente arroz com linguiça, pizzas, pastéis, bolos, tortas doces e salgadas, pudins, salada de frutas, frutas de todos os tipos.

Eu particularmente não ofereço banana ao Exu porque acho que se a banana gera quizila com o Exu de nação Africana, também o fará com o Exu de Umbanda. Saladas de todos os tipos, doces enlatados, enfim: todo e qualquer tipo de alimento que nós gostamos você pode oferendar em forma de agrado a seu Exu individual no Assentamento. Tenho certeza de que ele gostará muito e que dará mais para que você possa tornar a oferendar coisas boas da terra – que, com certeza, ele já provara em vidas passadas.

Não digo que você deve dar esse tratamento ao seu Exu. Apenas afirmo que, se você quiser, pode dar. Caso contrário pode cultuá-lo com o mínimo de trabalho possível, servindo apenas o essencial. Quanto melhor o tratamento que der às Entidades, melhor o retorno delas para consigo.

Eu tendo um Exu que eu adoro muito assentado na minha casa para me defender e me trazer coisas boas, devo deixá-lo de fora nas horas boas e só ativá-lo nas horas ruins?

É certo fazer um churrasco próximo ao Assentamento e não servir um pedaço?

Será que ele não gostaria de compartilhar conosco em tais momentos?

Será que ele só pode comer um pedaço de churrasco quando for oferecido "Um Quatro Pés" (cabrito, porco) no seu Assentamento?

Será que só poderá comer um pedaço de galinha assada quando for oferecida uma galinha no seu assentamento – na maioria das vezes feita de ano em ano?

Será certo deixá-lo de fora na hora em que estamos alegres, comemorando alguma coisa?

Eu respondo: é errado.

E você pergunta: mas nós não estamos lidando com energias da natureza? Como vamos servir alimentos que consumimos no Assentamento?

Eu respondo: alimento não é energia? Caso contrário nós não ficaríamos em pé.

Portanto, vamos evoluir. Vamos tratar nossas entidades como gostaríamos de ser tratados: sem bobagens, sem frescuras e sem muitos segredos, com amor e carinho. Sejamos um só: entidade e matéria.

Não coloco aqui uma doutrina a ser seguida. Até porque sou um grão de areia dentro da Religião de Umbanda e sua Linha de Esquerda. Apenas digo e afirmo como são tratados os meus Exus na minha casa. Gostaria muito que alguns que ainda estão no passado saiam e venham para o futuro, afinal de contas, Exu não berra mais, não anda todo torto, não come vela, não lambe o chão e não faz maldades.

Exu fez, faz e sempre fará parte do mundo, acompanhando sua evolução material e espiritual. Exu não é um bicho de sete cabeças como todos dizem. Muito pelo contrário, Exu está evoluindo junto com nós e quer, assim como nós, usar roupas finas e beber em copos finos. Afinal, não estamos mais na época de cultuar assentamentos de Exu com parafernálias, coisas mirabolantes, e, até mesmo diabólicas que só servem para colocar medo nas pessoas que tem contato com um desses assentamentos, afastando-as cada vez mais da nossa religião. Com certeza não é isso que o Exu quer. Não é para isso que ele nos abre caminho e nos ajuda em todos os sentidos. Mas para que possamos ajudar o próximo encaminhado a nós na maioria das vezes por eles mesmos. E, só conseguiremos isso mostrando a essas pessoas um assentamento, uma religião bonita livre de qualquer invencionice ou coisas do passado.

Por esse motivo eu ensinarei alguns tipos de Assentamentos básicos para todas as pessoas que têm comércio, empresas, negócios de todos os ramos, casas noturnas, boates, clubes, vendedores, viajantes, templos religiosos, empregados ou autônomos, que querem evoluir e acompanhar a evolução espiritual e material do mundo.

Faça ou procure alguém para fazer seu Assentamento, independente de sua religião. Você não precisa ser Umbandista para ter o seu Assentamento. Basta se juntar a essas forças poderosas que existem na Terra, que poderão ser usadas a seu favor para melhorar ainda mais a sua vida.

Obs.: não confunda rituais, trabalhos, oferendas que condensam e dispersam energias positivas e negativas, oferendas para concretização de um pedido, oferendas para agradecer um pedido resolvido com oferendas de agrado que, além de ser individual, significa apenas agradar o Exu para que ele se sinta bem, Assentado à nossa volta.

Dentro do ritual de Umbanda e sua Linha de Esquerda, cabeças de médiuns (pessoas) não são consagradas a Exu em hipótese alguma.

Peço humildemente aos irmãos Pais de Santo, Mães de Santo, Babalorixás, Yalorixás, Caciques e Chefes de Terreiros que procurem ensinar mais as pessoas sobre essas forças simplificando ao máximo possível a maneira de cultuá-las, sem muitos segredos. Só assim nós conseguiremos buscar mais adeptos à nossa religião e avançar em direção ao progresso e evolução da nossa querida Umbanda e sua Linha de Esquerda.

Saravá Umbanda

Saravá Linha de Esquerda

Laroiê Exu Marabô

Primeira Parte

Exus e suas características

Características de Exu

Dia da semana que lhe é consagrado

Segundas-feiras

Seus números múltiplos

1, 3, 7, 14, 21

Alguns tipos de saudação

Exu ê, alupandê exu, salve exu, essuiá, exu ria, laroiê-exu, mojubá-
-exu, alupô exu, babá exu, agô exu, lalupô exu, saravá exu, compadre.

Cores de suas velas

Branca, vermelha, cinza, azulão, preta, lilás, roxa. Na maioria
das vezes, uma, duas, ou mais cores juntas na mesma vela, depende
apenas da origem da Entidade.

Cores de suas guias

Branca, vermelha, cinza, azulão, preta, lilás, roxa.
Na maioria das vezes misturando mais de uma cor dependendo da
origem da entidade, com uma, três ou sete miçangas (conta) de cada cor.

Servindo também como guia de Exu uma corrente de aço. Não esqueça sua Guia Imperial ou delogum, feita com miçanga (conta) ou corrente de aço com sete voltas, um pouco mais comprida, para usar atravessada no corpo.

Obs.: guia essa que a entidade só pode usar depois de estar bastante firme. Ou seja: bem desenvolvida na matéria.

Recebe, às vezes, das mãos do seu feitor ou Entidade Chefe, com um ritual específico para o Axé (liberação para usar).

Cores de suas quartinhas

Branca, vermelha, cinza, azulão, preta, lilás, roxa. Na maioria das vezes pintadas com um, dois, ou três cores juntas na mesma quartinha, depende apenas da origem da Entidade.

Cores preferidas dos seus trajes

Branca, vermelha, cinza, azulão, preta, lilás, roxa, depende apenas da origem da Entidade.

Utensílios usados pelas entidades

Capa, chapéu, bengala, calçados.

Obs.: só podem ser usados depois que a entidade estiver bem firme. Ou seja: bem desenvolvida na matéria.

Recebe, às vezes, das mãos do seu feitor ou Entidade Chefe, com um ritual específico para o Axé (liberação para usar).

Tipos de vasilhas usadas em seus assentamentos

Alguidar de barro, panela de barro, panela de ferro.

Ocutá de Exu usado em seu assentamento

Pedra em forma de pirâmide, lisa, de cor preta, escura, ou avermelhada.

Obs.: essa pedra pode ser encontrada nas margens de um rio que contenha pedras, nos matos, nos campos, nas montanhas, nas pedreiras, nos chafariz de praças, nas beiras de mar, nas estradas de terra, ou até mesmo em qualquer lugar. Porém, observe se a pedra não está quebrada, trincada ou rachada. E, se ela se parece com a pedra citada a cima.

Minerais de Exu que podem ser usados em seus assentamentos

Ônix preto, quartzo preto, quartzo fumê, pedra de ferro.

Obs.: caso você não consiga o ocutá, esses minerais podem substituí-lo na feitura do assentamento.

Imagens de Exu que podem ser usadas em seus assentamentos

Vulto masculino confeccionado de ferro – cobre – bronze.

Em alguns casos, podem ser de madeira.

Obs.: caso você não consiga encontrar os ocutás, esses vultos confeccionados de metal, madeira, podem substituir nos assentamentos tanto os minerais quanto os ocutás de Exu.

Imagens de gesso

Bastante conhecidas e vendidas no comércio brasileiro. Possuem nome e forma individual de cada Exu.

Obs.: essas imagens de gesso podem substituir os vultos de metal, madeira, os minerais e ocutás somente enquanto o assentamento de Exu não for receber Axorô, Menga (sangue) de aves consideradas meio Quatro pés, e animais de Quatro pés.

Os ocutás, minerais, vultos de metais e madeiras, e imagens de gesso são particularidades vinculadas aos Exus, um elo entre a pessoa e o Exu.

Tipos de ervas usadas em seus assentamentos

Folha de amendoim, folha de feijão preto, folha da pimenteira (todos os tipos), folha de limoeiro, folha de laranjeira azeda, folha da amoreira, folha de batata inglesa, folha de milho verde, folha do marmelo, folha da beterraba, couve, urtiga, guiné, hortelã, barba de milho, manjericão, manjerona, quebra-tudo, guanxuma, carqueja, arnica, dólar, fortuna, dinheirinho, alevante, orô, aroeira, folha de mamona verde, folha de mamona roxa, brinco de princesa.

Ferramentas usadas em seus assentamentos

Corrente de aço, ponteira, tridente de Exu, chave, cadeado, porrete de vara de marmelo ou camboi fino de mais ou menos 15 cm, moedas, búzios, ímã, esfera de aço, dado, tava de osso, punhal ou uma faca de ponta fina, castiçal de barro ou metal, copo de vidro para o Exu, sineta.

Tipos de metais usados em seus assentamentos

Aço, estanho, bronze, cobre, chumbo, ferro, níquel, alumínio, ouro, prata.

Tipos de bebidas usadas em seus assentamentos

Cachaça, vinho branco, vinho tinto, licores, uísque, cerveja branca, cerveja preta, vodka, conhaque, martini, vermute, rum etc.

Tipos de terras usadas em seus assentamentos

Terra do cruzeiro (encruzilhada), terra do cemitério, terra da praça, terra do mato, areia da praia rio ou mar, terra da residência onde você mora.

Tipos de pó usados em seus assentamentos

Pó de ferro, pó de bronze, pó de cobre, pó de chumbo, pó de prata, pó de ouro, pó de tijolo, pó de carvão, pó de cinza de fogão à lenha, pó de enxofre, pó de pimenta de todos os tipos, pó de pemba (branco, vermelho, cinza, azulão, preto, lilás, roxo).

Tipos de Pombos Machos usados em seus assentamentos

Branco e preto, branco e marrom, cor de telha, cinza, branco, marrom.

Muito cuidado. Se optar por usar o pombo na feitura do seu assentamento com aves, dali para frente use de vez em quando, substituindo-o por outras aves. Por ser o Exu muito humanizado, o pombo usado seguidamente pode santificar o Exu, prejudicando-o na hora de fazer a sua defesa ou a sua própria justiça terrena ou astral. (santificar significa: criar dó, pena, remorso do seu inimigo)

Obs.: essas aves só podem ser oferecidas ao Exu no seu assentamento depois que o mesmo já tenha recebido o primeiro assentamento de ervas. E nunca use no seu assentamento pombo totalmente preto ou com defeitos no bico, asas e pés.

Tipos de aves usadas em seus assentamentos

Galo carijó, galo vermelho, galo vermelho e preto, galo prateado, galo branco e preto e galo cinza.

Obs.: essas aves só podem ser oferecidas ao Exu no seu assentamento depois que o mesmo já tenha recebido o primeiro assentamento de ervas. E nunca use no seu Assentamento galo totalmente preto, de rinha, ou com defeitos no bico, asas e pés.

Aves consideradas meio quatro pés usadas em seus assentamentos

Peru macho e angolista macho (coquem) de qualquer cor menos totalmente preta.

Obs.: essas aves só podem ser oferecidas no Assentamento de Exu depois que o mesmo já tenha recebido aves comuns (galos). E nunca use no seu Assentamento ave totalmente preta ou com defeito no bico, asa e pés.

Animais de quatro pés usados em seus assentamentos

Cabrito macho inteiro com aspa, branco e preto, branco e marrom, branco e cinza, marrom, cinza, branco. Pode ser oferecido também um leitão (porco). E, em alguns casos raros pode se oferecer um boi (novo).

Obs.: esses animais só podem ser oferecidos no Assentamento de Exu depois que o mesmo já tenha recebido aves comuns ou aves consideradas meio quatro pés. Nunca use cabrito totalmente preto no seu Assentamento exceto o leitão. E, quando for oferecer um Quatro Pés ao Exu, o mesmo deve ser acompanhado por uma ave comum (galo) ou mais cortando primeiro o animal de quatro pés e por último a ave.

Quando sugiro não usar aves e animais de quatro pés de cor totalmente preta, não estou condenando o preto. Apenas acho que essa cor se parece muito com a escuridão e não contém uma boa energia. Além de ser muito usada por quiumbas, feiticeiros e magos negros, em seus rituais de magias, tudo para prejudicar a humanidade. E não é essa a finalidade do nosso assentamento.

Se você quiser usar ou a sua Entidade pedir, fica a seu critério.

Você pode cultuar o seu Assentamento somente com ervas, se assim preferir, reforçando-o todos os anos com as mesmas, sem precisar oferecer aves comuns, aves consideradas meio Quatro Pés ou animais de Quatro Pés.

Também pode cultuar o seu Assentamento somente com aves comuns, se assim preferir, reforçando-o todos os anos com as mesmas sem precisar oferecer aves consideradas meio Quatro Pés ou animais de Quatro Pés. E, se você preferir, pode ir adiante oferecendo aves consideradas meio Quatro Pés ou animais de Quatro Pés, sempre obedecendo as seguintes regras.

- Para o Assentamento receber aves comuns, primeiro tem que ter recebido ervas.
- Para o Assentamento receber aves consideradas meio Quatro Pés, primeiro tem que ter recebido aves comuns.
- Para receber animais de Quatro Pés, primeiro tem que ter recebido aves comuns ou aves consideradas meio Quatro Pés.

Oferendas que concentram e dispersam correntes positivas e negativas

- Um punhado de milho de galinha torrado bem escuro
- Um punhado de pipoca
- Sete batatas inglesas assadas
- Um punhado de farofa (farinha de mandioca misturada com dendê)
- Um punhado de farofa (farinha de mandioca misturada com mel)
- Charutos acesos

Coloque o milho, a pipoca e a farofa dentro de um alguidar e o charuto aceso no cinzeiro.

Obs.: Sempre tenha essa oferenda dentro da casa de Exu, trocando-a e despachando-a na rua ou encruzilhada a cada 15 dias.

Ecós que repulsam correntes negativas e atraem correntes positivas

- Um alguidar pequeno com água
- Sete punhados bem pequenos de farinha de mandioca
- Sete gotas de dendê.

Com a água no alguidar, coloque os sete punhados de farinha de mandioca seguida pelas sete gotas de dendê.

- Um alguidar pequeno com água
- Sete punhados bem pequenos de farinha de milho
- Uma colher de mel
- Sete gotas de perfume de alfazema (ou de sua preferência)

Com a água no alguidar, coloque os sete punhados de farinha de milho seguida por uma colher de mel, depois as sete gotas do perfume.

Obs.: Sempre tenha esses ecós dentro da casa de Exu, trocando--os e despachando-os na rua ou encruzilhada a cada 15 dias.

Condensadores e repulsadores de energias positivas e negativas

- Mel
- Dendê
- Farinha de mandioca
- Café em pó virgem
- Sal grosso
- Álcool
- Perfume

Obs.: tenha esses itens dentro de alguns potes pequenos sem tampas, separadamente, dentro da casa de Exu, trocando mais ou menos de 30 em 30 dias e despachando na rua.

Lugares onde se levam oferendas para Exus

Nos cruzeiros (encruzilhada) abertos, cruzeiros (encruzilhada) fechados, cruzeiros do mato, campestres, praças, praias, rios, cemitérios, estradas de terra, estradas férreas, trevos de estradas asfaltadas.

A casa de Exu e Pomba-Gira

Darei apenas uma sugestão sobre a feitura da casa de Exu e Pomba-Gira. Que fique ao seu critério fazê-la um pouco maior ou menor, de alvenaria ou madeira. Entretanto, se você morar em imóvel de aluguel eu aconselho a fazê-la de madeira e não fazer o plantio embaixo da casa de Exu (na terra). O mesmo serve também para quem mora em apartamento acima do térreo.

A casa de Exu e Pomba-Gira pode ser de alvenaria ou madeira. Deve ter aproximadamente 70 cm de largura, 60 cm de comprimento fundo e 1,70 m de altura. Deve possuir na parede do fundo uma prateleira da altura do meio para cima, da mesma largura da casa com aproximadamente 25 cm de comprimento fundo, aonde servirá para colocar alguns utensílios destinados às entidades ali assentadas, como velas, fósforos, charutos, garrafas de bebidas etc. Embaixo, no piso, monte um altar da mesma largura da casa e com mais ou menos 25 cm de comprimento fundo e com mais ou menos 35 cm de altura. Aí ficará os alguidar ou panelas e quartinhas referente ao assentamento de suas entidades.

Deve possuir uma porta frontal bem alta e larga, aproximadamente da altura da casa e da largura da mesma, para facilitar o acesso e manuseio.

A porta deve conter uma fechadura ou um cadeado, a cobertura de cima, se possível, não obrigatoriamente, deve ser de telha de barro ou brasilit, zinco, com uma ou duas caídas de águas. Também pode, a seu critério, possuir um suporte com uma lâmpada vermelha de baixa voltagem, que ficará acesa durante a noite energizando as entidades ali assentadas. (essa lâmpada acesa não substitui o uso de velas).

A cor da casa de Exu e Pomba-Gira pode ser toda vermelha por dentro e por fora. Eu aconselho toda vermelha por dentro, branca por fora e a porta vermelha por dentro e vermelha por fora (porta toda vermelha). Acredito que o branco além de manter o respeito a Oxalá serve para acalmar o Exu e a Pomba-Gira assentados, quando estiverem aquizilados (reminados, bravos, inquietos, agitados).

Outro item importante em relação à casa de Exu e Pomba-Gira é que você pode ter dentro da casa, junto ao Assentamento, uma imagem de São Miguel de Alma – pela qual o povo de esquerda tem um respeito maior. Ele é considerado o Chefe da Linha de Esquerda.

O piso da casa pode ser de chão batido, cimento puro ou azulejado. Porém, antes de formar o piso, abra um buraco no centro de mais ou menos 20 cm de largura e fundura. Se possível, forre o buraco com folha de mamona ou papel de seda dar cor dos Exus e coloque dentro dois quilos de sal grosso, dois quilos de carvão vegetal moído, meio quilo de farinha de mandioca, um garfo de Exu cravado para baixo, um garfo de Pomba-Gira cravado para baixo, duas ponteiras cravadas para baixo. Despeje por cima o líquido de uma garrafa de champanhe e o líquido de uma garrafa de cachaça. Por último, derrame em cima de tudo um vidro de azeite de dendê mais ou menos de meio litro, um vidro de mel de mais ou menos meio litro também.

Feito isso, batize o buraco com os nomes das Entidades ali assentadas usando três ramos verdes umedecidos no azeite doce, no sal e na água, espargindo em sentido cruz (como se fizesse o sinal da cruz) em cima do buraco e um ramo de cada vez. Recite:

Eu te batizo com o nome de Exu (dizer o nome do Exu)
e Pomba-Gira (dizer o nome da Pomba-Gira) em nome da
Santíssima Trindade.

Os ramos podem ser depositados juntos ao buraco. Logo após, forre o mesmo com folha de mamona ou papel de seda, feche o buraco. Está feito o plantio. Se a casa for de alvenaria, após o término de tudo deixe uma vela de sete dias acesa (use um castiçal improvisado podendo ser um pires). Se for de madeira, coloque-a no lugar certo. Ou seja: sobre o plantio. Deixe a vela acesa.

Se preferir, deixe o chão batido, acimentado ou azulejado. Se optar pela casa de madeira, o processo é o mesmo. Faça o plantio na terra embaixo de onde ficará a casa de Exu e Pomba-Gira – o que não impede que faça a casa de alvenaria ou madeira ou opte por não fazer o plantio embaixo do piso da mesma.

Se a casa for de madeira, o plantio embaixo do piso não é obrigatório. Porém, o ritual de batizado é o mesmo. Só que realizado depois que tudo estiver montado dentro da casa e recebido o primeiro assentamento de ervas.

Obs.: o batizado só é realizado uma única vez em futuros reforços anuais. Com ervas ou assentamentos com sangue (axorô, menga) não é realizado o batismo. E o plantio da casa de Exu e Pomba-Gira, assim como o seu assentamento, devem ser realizados na Lua Crescente – Nova – Cheia. Em hipótese alguma na Lua Minguante.

É importante lembrar que não existe em quaisquer circunstâncias assentamentos de Exu sem a sua companheira Pomba Gira e vice-versa. A energia de um completa a do outro. E, por isso a casa de Exu deve ficar na frente e à esquerda de quem entra no local onde estão assentados. Caso não seja possível, coloque à direita ou até mesmo nos fundos do pátio (terreno) onde você mora.

Quanto à higiene na Casa de Exu e Pomba-Gira, eu não preciso nem falar. Quanto mais limpa, brilhante e organizada, mais limpa, brilhante e organizada será a sua vida.

⚱ Exu e seus Assentamentos ⚱

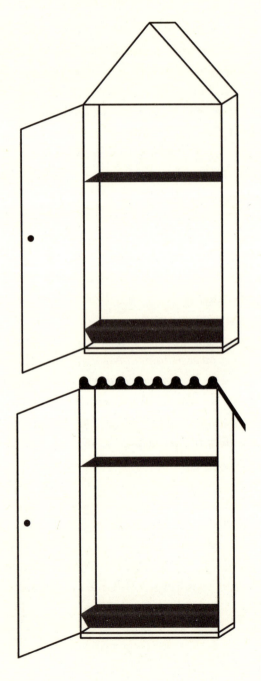

Alguns pontos riscados de Exu de Cruzeiro (aberto, fechado) que podem ser feitos em ferro e usados como cabala no Assentamento de qualquer Exu de Cruzeiro

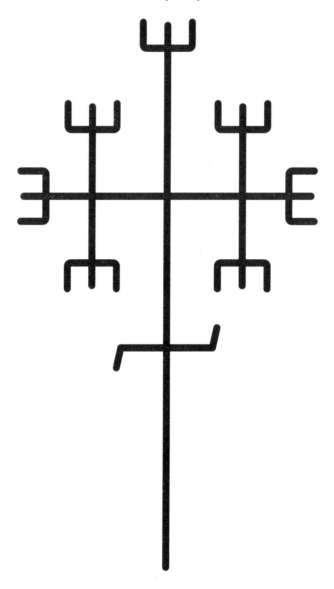

Ψ *Exu e seus Assentamentos* Ψ

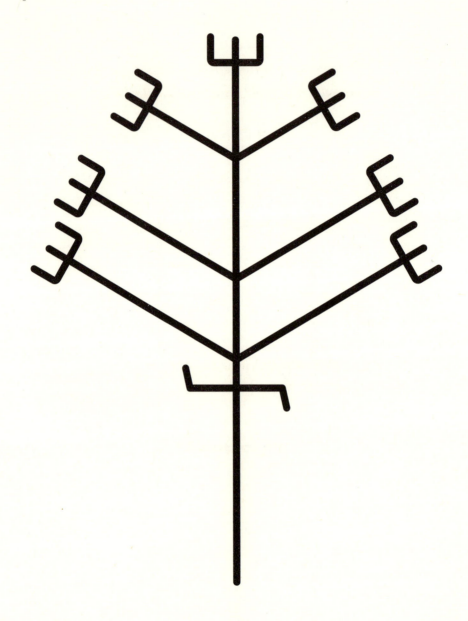

Ψ *Evandro Mendonça* Ψ

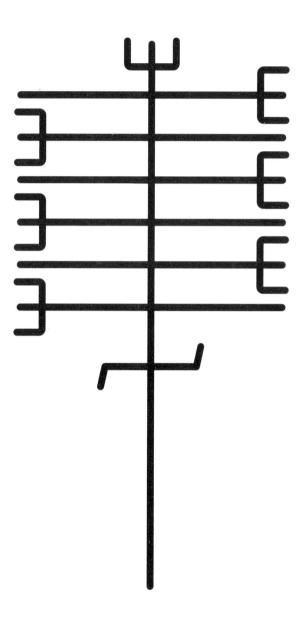

⛧ *Exu e seus Assentamentos* ⛧

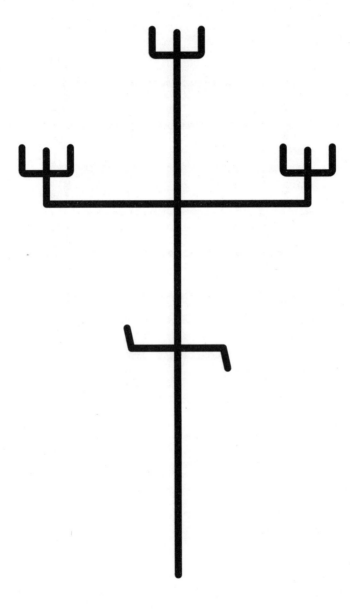

⼿ *Evandro Mendonça* ⼿

⊻ *Exu e seus Assentamentos* ⊻

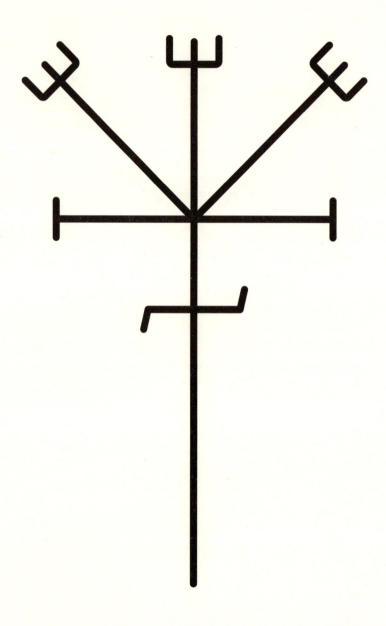

Ψ *Evandro Mendonça* Ψ

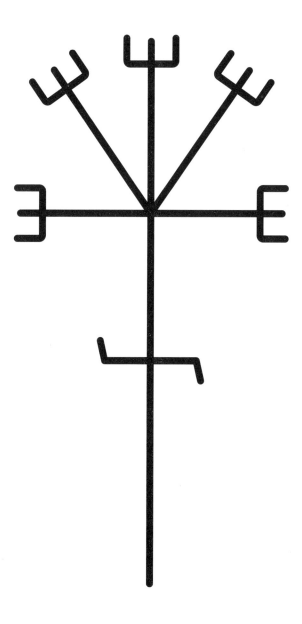

Ψ *Exu e seus Assentamentos* Ψ

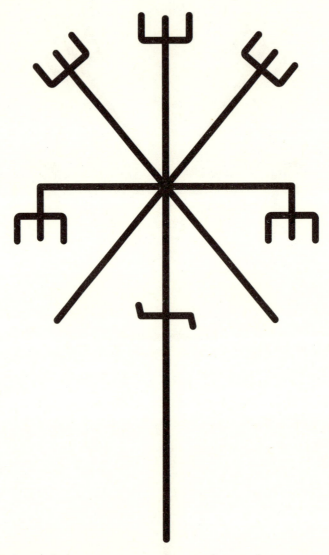

Obs.: todos os pontos riscados usados em ferro como cabala devem ter a ponta de baixo (base) um pouco mais comprida. Servem para serem enterradas e ficarem mais firmes na panela ou alguidar. Esses pontos riscados são básicos e podem ser acrescentados em alguma particularidade a mais por você ou sua Entidade.

Alguns pontos riscados de Exu de Alma que podem ser feitos em ferro e usados como cabala no Assentamento de qualquer Exu de Alma

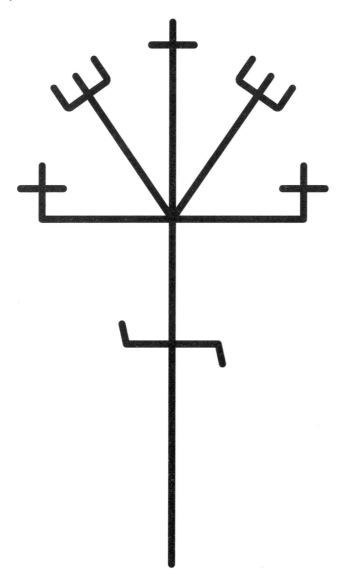

♆ *Exu e seus Assentamentos* ♆

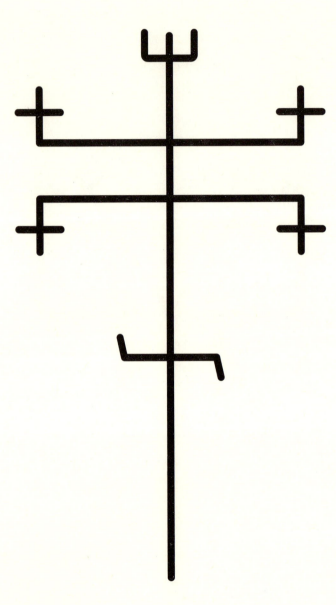

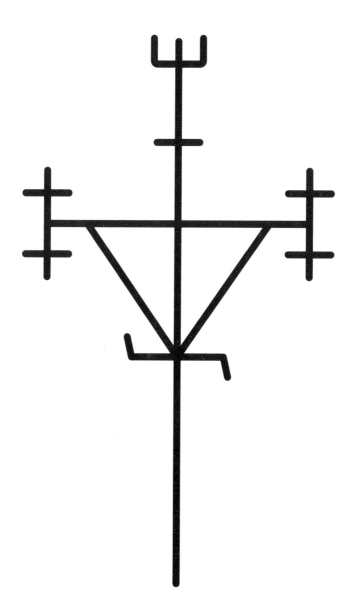

♈ *Exu e seus Assentamentos* ♈

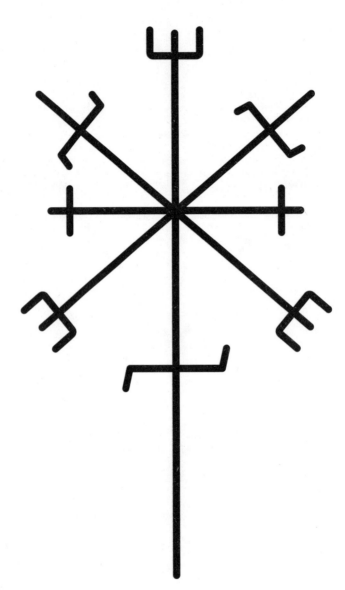

ᛒ *Evandro Mendonça* ᛒ

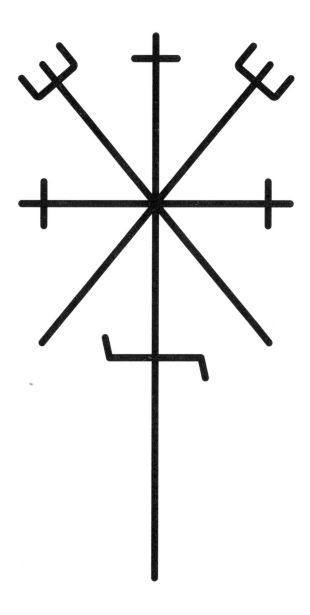

⚡ *Exu e seus Assentamentos* ⚡

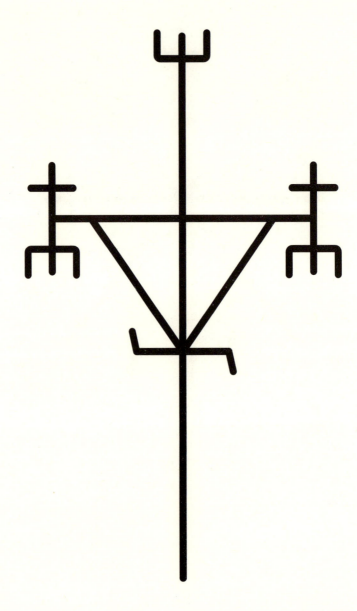

⊹ *Evandro Mendonça* ⊹

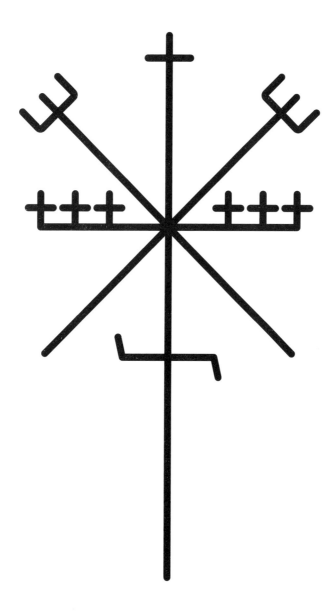

⚜ Exu e seus Assentamentos ⚜

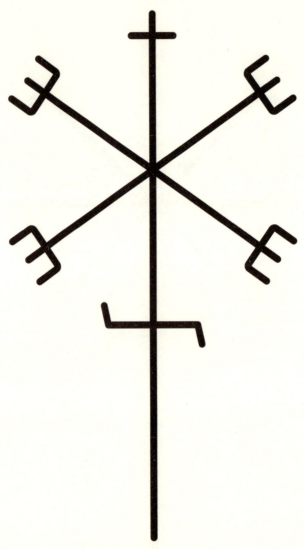

Obs.: *todos os pontos riscados usados em ferro como cabala devem ter a ponta de baixo (base) um pouco mais comprida. Servem para serem enterradas e ficarem mais firmes na panela ou alguidar. Esses pontos riscados são básicos e podem ser acrescentados em alguma particularidade a mais por você ou sua entidade.*

Alguns pontos riscados de Exu de Praia, Rio e Mar que podem ser feitos em ferro e usados como cabala no Assentamento de qualquer Exu de Praia, rio e mar

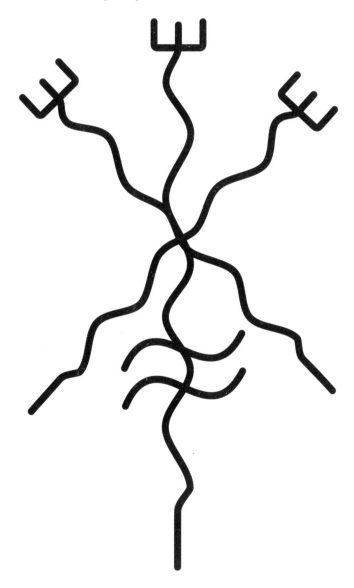

⊻ *Exu e seus Assentamentos* ⊻

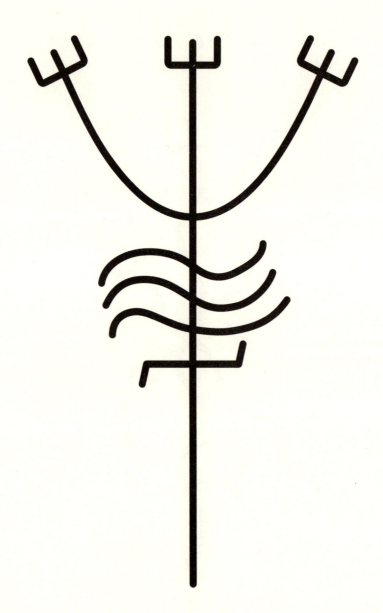

ᛦ *Evandro Mendonça* ᛦ

⚰ *Exu e seus Assentamentos* ⚰

ᛏ *Evandro Mendonça* ᛏ

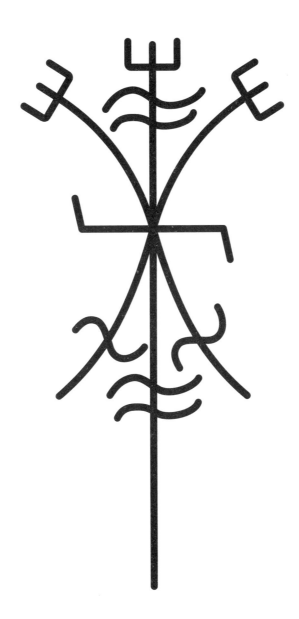

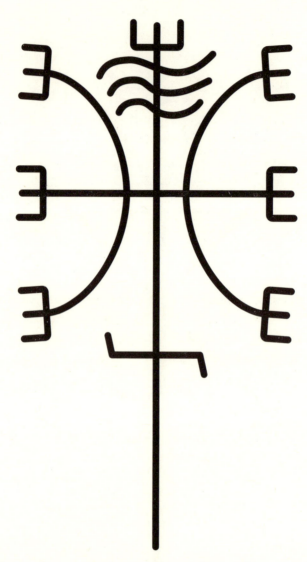

Obs.: *todos os pontos riscados usados em ferro como cabala devem ter a ponta de baixo (base) um pouco mais comprida. Servem para serem enterradas e ficarem mais firmes na panela ou alguidar. Esses pontos riscados são básicos e podem ser acrescentados em alguma particularidade a mais por você ou sua Entidade.*

Alguns pontos riscados de Exu de Mato que podem ser feitos em ferro e usados como cabala no Assentamento de qualquer Exu de Mato

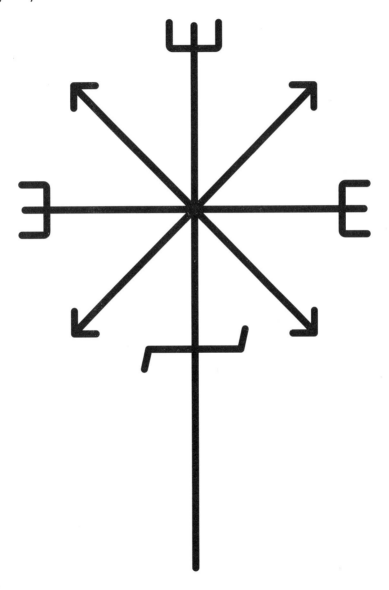

⚲ *Exu e seus Assentamentos* ⚲

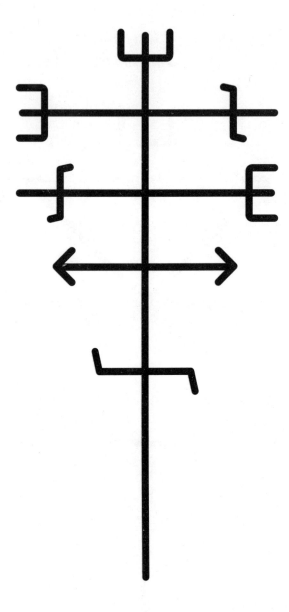

ᛉ *Exu e seus Assentamentos*

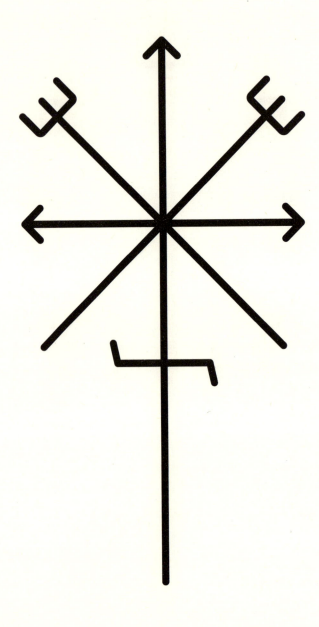

⊬ *Evandro Mendonça* ⊬

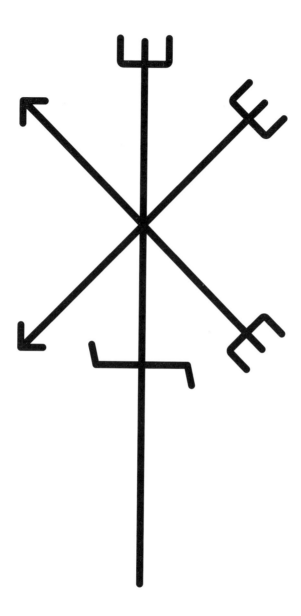

♆ *Exu e seus Assentamentos* ♆

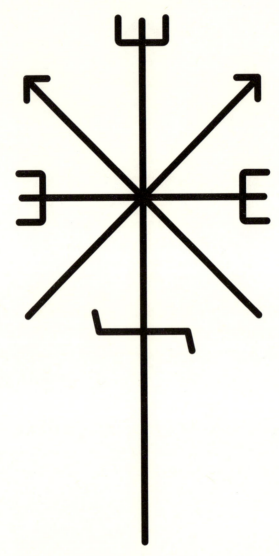

Obs.: todos os pontos riscados usados em ferro como cabala devem ter a ponta de baixo (base) um pouco mais comprida. Servem para serem enterradas e ficarem mais firmes na panela ou alguidar. Esses pontos riscados são básicos e podem ser acrescentados em alguma particularidade a mais por você ou sua Entidade.

Pontos cantados de Exu

Não faço mal a ninguém
procuro não ter inimigos;
vou caminhando sozinho
com a certeza que o Exu é meu amigo;
quem tiver demanda,
quem estiver em guerra
respeita o Exu,
que é o elemento da terra.
Quem tiver demanda,
quem estiver em guerra
Respeita o Exu,
que é o elemento da terra.

Seu Marabô... foi que chegou sorrindo,
olhou pro mundo e chorou;
que o mundo pode ser mais lindo
se o ser humano tivesse mais amor;
Exu não foi feito pra se lamentar,
Exu não foi feito pra te ver sofrer;
seu Marabô foi quem sofreu demais
por achar que o mundo pode renascer.
Seu Marabô foi quem sofreu demais
por achar que o mundo pode renascer.

O Luar, o luar,
o Luar;
ele é o dono da rua,
o luar;

quem cometeu os seus pecados, o luar,
o luar;
peça perdão ao tranca-rua;
quanto sangue derramado, o luar,
o luar;
derramado pelo chão,
o luar;
quem cometeu os seus pecados, o luar,
o luar;
peça perdão ao tranca-rua.

Foi nas almas,
foi nas almas,
foi nas almas que nasci e me criei;
foi nas almas que seu tranca-rua me batizou,
foi nas almas.
Foi nas almas,
foi nas almas,
foi nas almas que nasci e me criei.
Foi nas almas que o seu tranca-rua me batizou,
foi nas almas.

Eu vi a lua clareando a rua, o luar,
e tinha uma garrafa de Marafa
pro Senhor do Bará tomar;
passou um homem todo de branco,
tirou o chapéu e me cumprimentou;
será macumba ou macumbeiro,
ou será uma mandinga de amor,

será macumba ou macumbeiro,
ou será uma mandinga de amor.

Sete facas de ponta
em cima de uma mesa,
sete velas acesas
lá na Encruzilhada;
mas o Exu é Rei,
Alupandê Exu;
mas o Exu é Rei,
Alupandê Exu;
mas o Exu é Rei
lá na Sete Encruzilhadas.

Mas ele é meu amigo,
ele é meu camarada,
ele é o Exu Porteira,
ele trabalha com as almas.

Seu Sete é meu amigo,
é meu camarada;
seu Sete é meu amigo
na Encruzilhada;
seu sete é meu amigo,
é meu irmão de fé;
seu sete é meu amigo
até quando ele quer,
pega pemba e risca o ponto,

Exu e seus Assentamentos

firma o ponto e não vacila,
Saravá Exu Seu Sete da Lira,
pega pemba e risca o ponto,
firma o ponto e não vacila,
Saravá Exu Seu Sete da Lira,
chegou,
chegou,
chegou o seu Sete da Lira.

Sete Cruzeiros pede oração,
Sete Cruzeiros vai nos ajudar
fumando seu charuto,
bebendo sua marafa;
ele faz sua mironga,
ele é o Sete Cruzeiro
que vem pra trabalhar,
mas ele é o Rei da Gira,
ele é quem vai girar,
ele é o Sete Cruzeiros
que vem pra trabalhar.

Se enterrar meus garfos
eu desenterro
a gira do Exu Caveira;
é no portão do Cemitério.
Se enterrar meus garfos
eu desenterro
A gira do Exu Caveira;
é no portão do Cemitério

Ψ *Evandro Mendonça* Ψ

Mas ele mora
na pedra furada
onde não passa água,
onde não brilha o Sol.
Mas ele é João Caveira Auê,
ele é o Exu das almas,
da Calunga Auê.
Mas ele é João Caveira Auê,
ele é o Exu das almas
da Calunga Auê.

Dizem que Exu
só bebe e da risada.
Olha lá que ele é Exu,
é o Rei das sete Encruzilhadas;
a sua gira é forte,
é, não tem mistério;
depois da hora grande
vai girar no Cemitério.
A sua gira é forte,
é, não tem mistério;
depois da hora grande
vai girar no Cemitério.

Eu fui ao mar,
eu fui à beira da praia,
Fui saudar Exu Maré
Da falange lá do mar.
Exu Maré,

eu vim aqui pra lhe saudar,
Exu Maré da falange lá do mar.
Exu Maré,
eu vim aqui pra lhe saudar,
Exu Maré da falange lá do mar.

Seu Meia Noite
Na terra e no mar,
no mar e na calunga,
em todo o lugar;
seu Meia Noite,
na terra e no Mar;
quando chega Meia Noite
gira em qualquer lugar.

Exu é boêmio,
Exu é da noite,
ele é o Exu que vem pra trabalhar.
Hoje eu giro aqui,
hoje eu giro lá,
ele é seu meia noite
que veio pra trabalhar.
Hoje eu giro aqui,
hoje eu giro lá,
ele é seu meia noite
que veio pra trabalhar.

Santo Antônio do mundo novo
não deixai os seus filhos sós,

ai meu Santo Antônio,
desamarre os seus caminhos;
ai meu Santo Antônio,
ilumine os seus caminhos;
ai meu Santo Antônio,
desamarre os seus caminhos;
ai meu Santo Antônio,
ilumine os seus caminhos.

Hoje tem festa lá na praça;
Exu Lanã com seu povo cigano.
Mas ele toca seu lindo violino
para saudar a Cigana do Jarro;
ela dança para seu Rei,
seu Rei Tiriri Lanã,
Alupandê a Cigana do Jarro,
Alupandê Tiriri Lanã,
Alupandê a Cigana do Jarro,
Alupandê Tiriri Lanã.

Oriente é:
o lugar da vida
o lugar da paz
o lugar do amor.
Eu sou Exu!
Eu sou Exu!
Lá do lado do Oriente
vou pedir ao Oriente
uma força pra me dar.

Mandaram-me uma Cigana
pra minha vida melhorar;
vou pedir ao Oriente
uma força pra me dar.
Mandaram-me uma Cigana
pra minha vida melhorar.

Tira esses espinhos do caminho
que eu quero passar com a minha dor;
se hoje pra você eu sou espinho,
espinho não machuca a flor.
Eu só errei quando juntei minha alma à sua,
o sol não pode viver longe da lua;
eu só errei quando juntei minha alma à sua,
o sol não pode viver longe da lua.

Eu andava perambulando
sem ter nada o que comer;
vou pedir às Santas Almas
que venham me socorrer.
Foi as Almas que me ajudou,
foi as Almas que me ajudou,
foi as Almas que me ajudou.
E viva Deus nosso Senhor!
Foi as Almas que me ajudou,
foi as Almas que me ajudou,
foi as Almas que me ajudou.
E viva Deus nosso Senhor!

Vermelho é o sangue puro do meu pai,
verde é a cor da mata.
Saravá Seu Pantera Negra,
Saravá a mata que ele mora,
Saravá Seu Pantera Negra,
Saravá a mata que ele mora.

Eu vi um clarão no céu,
eu vi um clarão na lua,
eu vi um casal na esquina:
era Pomba-Gira e o Destranca-Rua

Eu vi seu Zé Pilintra na madrugada
chorando pelo amor de sua amada;
ele chorava por uma mulher,
chorava por uma mulher,
chorava por uma mulher que não o amava.
Ele chorava por uma mulher,
chorava por uma mulher,
chorava por uma mulher que não o amava.

Quem é aquele moço
que está sentado ali
todo de terninho branco
chapéu de palha olhando pra mim.
É o Zé Pilintra, é,
ele é o Zé.
Ele é malandro,

ele é boêmio.
Ele é o Zé.
É o Zé Pilintra, é,
ele é o Zé.
Ele é malandro,
ele é boêmio,
Ele é o Zé.

O morro Santa Tereza está de Luto
porque seu Zé Pilintra morreu
e hoje a Quimbanda bate palma;
seu Zé Pilintra no cruzeiro das almas,
e hoje a Quimbanda bate palma,
seu Zé Pilintra no cruzeiro das almas.

Se você estiver sozinho
é só chamar por mim;
se você estiver sozinho
é só chamar por mim.
Mas não se assuste ao me vir.
Eu sou a luz que vai iluminar os seus caminhos.
Eu sou Exu,
que trabalha no Cruzeiro,
que trabalha na Calunga
e também na Catacumba.
Eu sou Exu,
que trabalha no Cruzeiro,
que trabalha na Calunga
e também na Catacumba.

Seu Tranca-Rua das almas
e a Pomba-Gira mulher;
seu Tranca-Rua das almas
e a Pomba-Gira mulher;
oh! Venha ver
a oferenda que eu vou fazer
para saudar o povo de Alupandê;
venha beber, venha beber,
venha fumar, venha fumar,
venha Saudar o povo de Alupandê;
venha beber, venha beber,
venha fumar, venha fumar,
venha Saudar o povo de Alupandê.

Uma pomba voou
em cima de uma tumba;
chegou o Exu Caveira,
caveirinha da Calunga;
uma pomba voou
em cima de uma tumba;
chegou o Exu Caveira,
caveirinha da Calunga.
Caveira, caveira,
o seu povo te chamou pra trabalhar.
Caveira, caveira,
o seu povo te chamou pra trabalhar.

Caveira e osso virou em pó,
Caveira e osso virou em pó,

Exu Caveira,
Maria Mulambo tá chamando na porteira,
Exu Caveira,
Maria Mulambo tá chamando na porteira.

Esse boi é vermelho Calunga;
eu amarro na mangueira Calunga
pra tirar o couro Calunga,
pra fazer meu pandeiro,
pra tirar o couro Calunga,
pra fazer meu pandeiro.

Eu plantei couve, o cabrito comeu.
Meus inimigos na beira do rio...
Eu plantei couve, o cabrito comeu.
Meus inimigos na beira do rio...
Na minha Horta, eu plantei Samambaia.
Meu inimigos não me atrapalham...
Na minha Horta, eu plantei Samambaia.
Meu inimigos não me atrapalham...

Cambono segura a cantiga
que está chegando a hora;
Saravá toda a encruza.
Exu é quem manda agora;
Saravá toda a encruza,
Exu é quem manda agora.

Meu Senhor das almas
não faça pouco de mim.
Sou um Exu criança,
meu nome é Exu Mirim.
Sou um Exu criança,
meu nome é Exu Mirim.

Meu Senhor do Campo Santo,
nas horas santas benditas
quem louva povo de Exu
não passa horas malditas.
Quem louva povo de Exu
não passa horas malditas.

Descarrega, seu veludo,
leva o que tem de levar;
com sua força bendita,
leva o mal para o fundo do mar;
com sua força bendita,
leva o mal para o fundo do mar.

Ao ver Exu na encruza
com ele não se meta;
é ali que ele trabalha,
o reino é de Capa Preta.
É ali que ele trabalha,
o reino é de Capa Preta.

Ele vem nas ondas do mar
pra mostrar quem ele é;
vem para vencer demandas,
ele é Exu Maré.
Vem para vencer demandas,
ele é Exu Maré.

Chamam-me João Caveira
Omolu que me batizou.
Suas ordens eu vou cumprindo
Ogum Megê foi quem mandou.
Suas ordens eu vou cumprindo
Ogum Megê foi quem mandou.

São Miguel chama:
é hora, é hora,
a balança pesa,
os Exus já vão embora,
são Miguel chama.
É hora, é hora,
a balança pesa;
as Pombas-Gira já vão embora.

Quando vou ao Cemitério,
peço licença pra entrar;
bato com o pé esquerdo,
pra depois eu Saravá.
Eu Saravo Omolu

e seu Caveira também;
Assim faço a obrigação
para os filhos do Além!
Assim faço a obrigação
Para os filhos do Além!

Tipos de banhos de descarga de Exu

Banho para abrir caminhos

- Louro
- Cedro
- Sândalo
- Salvia em pó
- Cominho em pó
- Aroeira
- Folha da batata inglesa

Banho para resgatar a energia vital

- Folha de cacau
- Folha do fumo ou fumo em ramo
- Alevante
- Cominho em pó
- Manjerona
- Manjericão
- (pode acrescentar mel e perfume a gosto)

Banho para atrair dinheiro

- Essência de cravo
- Essência de canela
- Açúcar mascavo

- Folha de cedro
- Folha de salsinha
- Folha de louro
- Folha de limão galego
- Folha de pitangueira
- (pode acrescentar mel e perfume a gosto)

Banho contra magia maléfica

- Manjericão
- Guiné
- Aroeira
- Alecrim
- Funcho
- Malva-cheirosa
- (pode acrescentar mel e perfume a gosto)

Banho para o amor

- Casca de maçã
- Casca de bergamota seca e ralada
- Pétalas de rosas
- Perfume de alfazema
- (pode acrescentar mel e perfume a gosto)

Banho de descarrego

- Espada de São Jorge
- Espada de Santa bárbara
- Lança de Ogum
- Arruda-macho
- Arruda-fêmea

Banho de sal grosso (descarga)

Por ser um elemento muito poderoso para descarga, pode ser usado sozinho e também acrescentado um pouco em banhos de ervas para limpeza e descarrego.

Muito cuidado com o banho de sal. Tomado seguidamente enfraquece o espírito, desequilibra a imantação de defesa normal do corpo.

Banho para descarrego masculino (Exu)

- Um litro de cachaça
- Um pacote de fumo desfiado ou fumo em ramo
- Alevante

Rale a erva e o fumo na cachaça, deixe um pouco em fusão, coe e acrescente um pouco de água. (não pode ser usado por pessoas iniciadas ou feitas na nação africana).

Banho de atração para casas noturnas ou mulheres que as frequentam

- Manjerona
- Alecrim
- Dama da noite
- Chamarisco
- (pode acrescentar mel e perfume a gosto)

Banho para afastar espíritos obsessores

- Pitangueira
- Folha de marmelo
- Carqueja
- Cambuí
- Comigo-ninguém-pode

Banho para afastar Egun (espírito sem luz)

- Pitangueira
- Aroeira
- Arruda-macho
- Folha de marmelo
- Arruda-fêmea

Banho para destrancar algo que está trancado

- Alevante
- Arruda-macho
- Guiné de guampa
- Erva pombinha
- Folha de amoreira
- Cambuí
- Folha de marmelo

Banho para clarear os caminhos

- Guiné de guampa
- Arruda-fêmea
- Cambuí
- Anis
- Pétalas de rosas vermelhas
- Folha de aroeira
- Alevante

Banho de limpeza e descarrego

- Arnica
- Amendoim (folha)
- Couve
- Carqueja
- Folha de batata inglesa

Banho contra feitiços

- Espada de são Jorge
- Comigo-ninguém-pode
- Arruda-macho (se for homem) ou fêmea (se for mulher)
- Cambuí
- Sete rodelas de charuto
- Sal grosso (pouco)
- Alevante

Banho de descarga após visitar a Calunga

- Uma pitada de sal grosso
- Folha de marmelo
- Pitangueira
- Aroeira
- Cambuí

Caso não encontre uma determinada erva, substitua por Orô ou Alevante. Podem ser adicionadas em qualquer tipo de banho. A preparação do banho, caso você não saiba, procure adquirir o livro Umbanda: Banhos, Defumações, Trabalhos e Oferendas, ou Ciganos, magias do passado de volta ao presente.

Alguns tipos de defumações de Exu

Defumação para limpeza e descarrego

- Amoreira
- Folhas ou bagaço de cana
- Casca de cebola
- Hortelã-pimenta
- Mirra

- Folha de marmelo
- Comigo-ninguém-pode

Defumação contra fluídos negativos

- Quebra-tudo
- Guiné-caboclo
- Espada de Santa Bárbara
- Pitangueira
- Folha de marmelo
- Alevante
- Folha de Cambuí

Defumação para limpeza de casas comerciais

- Café em pó virgem
- Casca de coco ralado
- Amoreira
- Palha de alho (ou casca)
- Casca de cebola
- Pimenta da costa
- Benjoim

Defumação de atração para casas noturnas ou para mulheres que as frequentam

- Pétalas de rosas vermelhas
- Dama da noite
- Chamarisco
- Manjerona
- Manjericão
- Malva-cheirosa
- Alecrim
- Alevante

Defumação para estabelecimento comercial para atrair negócios

- Gengibre ralado
- Cravo da índia
- Semente de girassol
- Louro
- Açúcar-mascavo
- Noz moscada ralada
- Canela em pó
- Breu

Defumação para atrair dinheiro

- Gengibre ralado
- Açúcar-mascavo
- Breu
- Semente de girassol
- Noz moscada ralada
- Pão adormecido ralado
- Louro
- Pitangueira
- Canela em pó
- Cravo da Índia

Defumação para afastar espíritos perturbadores de dentro de casa

- Benjoim
- Incenso
- Mirra
- Enxofre
- Casca de alho (ou palha)

- Café em pó virgem
- Alecrim
- Pitangueira
- Folha de marmelo

Defumação para destrancar algo que deseja
- Arruda
- Eucalipto
- Fumo em rolo desfiado
- Casca de alho (ou palha)
- Guiné-caboclo
- Benjoim
- Incenso
- Alevante

Defumação para arrumar emprego
- Noz moscada
- Pão adormecido ralado
- Farinha de milho
- Dinheirinho em penca
- Folha da fortuna
- Canela
- Cravo da Índia
- Café em pó virgem

Defumação para abrir os caminhos
- Amoreira
- Hortelã-pimenta
- Orô
- Carqueja
- Alevante

- Amoreira
- Fumo em rolo desfiado

Obs.: *Caso não encontre uma determinada erva, substitua por Orô ou Alevante. As duas ervas podem ser adicionadas em qualquer tipo de defumação. Para a preparação da defumação, caso não saiba, adquira o livro Umbanda: Banhos, Defumações, Trabalhos e Oferendas, ou Ciganos, magias do passado de volta ao presente.*

Tipos de oferendas de Exu

Ebó para conseguir Emprego (Exu de sua preferência)

- Pó de emprego (comprado em Floras)
- Um alguidar médio de barro
- Duas velas comuns brancas
- Uma vela preta e vermelha
- Mel
- Dendê
- Dois quilos de farinha de mandioca crua
- Uma cebola grande
- Uma garrafa de cachaça
- Um charuto
- Uma caixa de fósforos
- 1m de morim (ou papel de seda) branco.

Faça a metade do alguidar com farinha misturada com dendê e a outra metade com mel. Corte a cebola em rodelas e enfeite a comida. Jogue um pouco de pó por cima e arrie tudo numa encruzilhada, à noite. Acenda as velas, abra a cachaça e acenda o charuto. Arrume tudo em cima do morim. Faça o encantamento: Kobá, Laroiê Exu,

Amojubá. Em seguida, o pedido que desejar. Esse Ebó é oferecido a Exu e deve ser feito numa segunda-feira.

Ofereça a um Exu de Encruzilhada ou ao Exu de sua preferência.

Oferenda para Exu e Pomba-Gira (Prosperidade)

- Miúdos (bovinos, suínos, ovinos)
- Farinha de milho grossa
- Azeite de dendê
- Alguidar de barro
- Um champanhe
- Uma garrafa de cachaça
- Sete velas vermelhas e pretas
- Uma caixa de fósforos

Compre vários tipos de miúdos (bovino, suíno, ovino), pique-os e cozinhe numa panela com bastante tempero. Feito isso, misture tudo com farinha de milho e um pouco de dendê. Coloque em um alguidar de barro e leve a uma encruzilhada aberta, junto a um champanhe e uma garrafa de cachaça. Abra as bebidas e vire um pouco no chão, em forma de cruz, uma de cada lado da oferenda. Acenda as sete velas vermelhas e pretas e ofereça ao Exu Tiriri e à Pomba-Gira Cigana, ou ao Exu de sua preferência. Faça os pedidos e retire-se.

Exu do Tempo

- Um pombo qualquer cor – menos preto
- Uma vela branca
- Uma caixa de fósforos
- Um vidro pequeno de mel
- Um vidro pequeno de azeite de dendê

Para resolver um assunto qualquer com rapidez: vá numa segunda-feira a uma encruzilhada e leve um pombo qualquer, menos preto. Leve uma vela branca, uma caixa de fósforos, um vidro pequeno de azeite de dendê e um vidro pequeno de mel.

Acenda a vela, mostre o pombo segurando-o pelas asas abertas aos quatro cantos da encruzilhada e chame pelo Exu do Tempo. Ofereça a ele o pombo e peça que o Exu resolva o seu problema o mais rápido possível. Diga que após ter a solução você levará uma oferenda bem bonita, com tudo que é de Exu (repita o pedido sete vezes). Coloque por cima do pombo um pouco de mel e um pouco de dendê Solte o pombo após fazer o pedido sete vezes. O restante do mel e dendê fica aberto ao lado da vela.

Exu Destranca-Rua

- Carne bovina moída
- Carne suína moída
- Tutano bovino
- Farinha de mandioca
- Um dendê
- Três velas (vermelha, branca e preta)
- Uma caixa de fósforos
- Um charuto
- Uma garrafa de cachaça
- Três pedaços de papel de seda (vermelha, preta e branca)

Para destrancar algo que está trancado há tempos vá a uma encruzilhada e leve três padês para o Exu Destranca-Rua. Um padê (carne bovina moída misturada com farinha de mandioca e dendê), um padê (tutano bovino misturado com farinha de mandioca e dendê), outro padê (carne suína moída misturada com farinha de mandioca e dendê), três velas – branca – vermelha – preta (uma de cada cor), uma caixa de fósforos, uma garrafa de cachaça e um charuto.

Coloque os três padês em forma de triângulo e, em cima de cada, pedaços do papel de seda branco, vermelho e preto. Abra a garrafa de cachaça e circule os padês virando um pouco no chão. Coloque a garrafa ao centro do triângulo. Acenda as velas por fora de tudo, em forma de triângulo também. Acenda o charuto e coloque-o em cima da caixa de fósforos, ao lado da cachaça. Ofereça ao Exu Destranca-Rua e faça seu pedido.

Troca para Saúde (Exu)

- Milho de galinha torrado e bem escuro
- Papel de seda – vermelho e preto
- Sete velas – vermelha e preta
- Milho de pipoca
- Sete varas de marmelo
- Uma garrafa de cachaça
- Sete charutos comuns
- Uma caixa de fósforos
- Um vidro de dendê
- Um vidro de mel
- Roupa velha da pessoa – vestir na hora do ritual

Passe na pessoa, em frente ao Assentamento de Exu, no mato ou encruzilhada, um milho torrado bem escuro enrolado em papel de seda vermelho e preto, sete velas vermelha e preta, pipoca enrolada em papel de seda vermelho e preto, sete varas de marmelo, uma garrafa de cachaça e sete charutos comuns. A pessoa deve tirar uma roupa velha que usou por cima da roupa normal. Passe a roupa por todo o corpo e depois a rasgue e a pisoteie bastante pedindo que se destrua todo o mal. Feito isso, coloque junto com os pacotes, que devem estar abertos no chão. A pessoa que estiver fazendo o serviço deve acender as velas, quebrar as varas de marmelo e derramar um vidro de dendê e mel por cima de tudo chamando ao Povo de Exu.

Limpeza de Casa (Exu)

- Dois quilos de milho de galinha
- Um pacote de milho de pipoca
- Papel de seda – vermelho e preto
- Sete velas – vermelha e preta
- Sete charutos comuns
- Um bife de carne bovina
- Sete varas de marmelo
- Uma garrafa de cachaça
- Um vidro de azeite de dendê
- Um vidro de mel
- Uma caixa de fósforos

Ao se aproximar os últimos dias do ano ou até mesmo em qualquer época e você desejar fazer uma limpeza na sua casa ou escritório, faça o seguinte:

Compre dois quilos de milho de galinha, escolha bem e torre no fogo até ficar bem escuro. Coloque-os dentro de um saco plástico, junto um pouco de pipoca. Enrole tudo em um papel de seda vermelho e preto junto com sete velas vermelha e preta, sete charutos, um bife de carne bovina. Pegue juntas as sete varas de marmelo e uma garrafa de cachaça.

Para facilitar o trabalho, junte tudo em uma sacola ou pacote – menos as varas – e passe primeiramente nas pessoas e depois na casa toda, principalmente nas paredes dos cantos chamando todo o povo de Exu.

Despache num cruzeiro de terra, afastado da cidade e de residências. Abra a cachaça, acenda as velas, quebre as varas de marmelo e derrame o vidro de dendê e mel por cima de tudo.

Não esqueça que antes de fazer a entrega se deve saudar o Povo da Encruzilhada. Ao chegar em casa, tome banho de descarga.

Para alguém mudar de casa – lugar ou cidade (Exu da Meia Noite)

- Um ninho de passarinho abandonado
- Um ovo sem ter ido à geladeira
- Um bife
- Dendê
- Sete velas – vermelha e preta
- Uma caixa de fósforos

Leve em um mato que tenha árvores com espinhos um ninho de passarinho que tenha sido abandonado e um ovo cru sem ter ido à geladeira. Escreva no ovo o nome e o endereço da pessoa que você deseja que se mude e coloque-o dentro do ninho. Ao lado, ponha uma garrafa de cachaça, um bife temperado com dendê, o papel com o nome e o endereço dentro da garrafa, sete velas vermelhas e pretas acesas. Ofereça ao Exu da Meia Noite e peça que a pessoa se mude para outro lugar ou outra cidade. Após conseguir o resultado desejado, leve uma grande oferenda para o Exu da Meia Noite.

Para feridas difíceis de serem curadas

- Um bife
- Dendê
- Farinha de mandioca

Passe um bife de carne bovina com bastante dendê no local afetado e logo após envolva-o na farinha de mandioca crua colocando-o numa vasilha em frente ao Assentamento de Exu. Vele e vire o bife todos os dias, até secar bem. Depois despache numa rua bem movimentada. Se você não possuir assentamento de Exus, faça tudo igual, mas despache direto no meio da rua oferecendo ao Exu de sua preferência.

Para trancar algo que se deseja (Exu Tranca-Rua)

- Uma garrafa de cachaça
- Sete tipos de pimenta
- Linha preta e vermelha

Uma garrafa de vidro de cachaça, um papel escrito sete vezes o nome da pessoa (ou o que deseja). Coloque sete tipos de pimenta por cima e enrole como se fosse um cigarro. Cubra-o totalmente enrolando linha preta e vermelha.

Coloque a garrafa de cachaça fechada dentro e depois leve tudo num cruzeiro de pedra. Ofereça ao Exu Tranca-Rua, faça os pedidos e vire de costas atirando a garrafa para cima (no sentido das costas). Vá embora sem olhar para trás.

Caso a garrafa não estoure, volte e repita tudo quantas vezes forem necessárias, até a garrafa quebrar.

Para atrair dinheiro (Exu Tiriri ou Marabô)

- Uma bandeja
- Papel de seda (branco, vermelho e preto)
- Arroz com leite
- Canela em pó
- Sete moedas
- Sete velas (branca, vermelha e preta)
- Uma caixa de fósforos

Leve embaixo de uma figueira uma bandeja enfeitada de papel branco, preto e vermelho, arroz com leite pulverizado com canela em pó. Crave sete moedas em cima e acenda sete velas: três vermelhas, uma preta e três brancas. Ofereça ao Exu Tiriri e peça para ele abrir os caminhos nos negócios, dinheiro, trabalho, prosperidade etc.

Para melhoria financeira em sua casa (Povo de Exu)

- Terra do cruzeiro
- Lixo de casa
- Sete jornais velhos
- Sete moedas
- Mel
- Vela de sete dias vermelha e preta

Este serviço só pode ser feito por pessoas que tenham Assentamento de Exu em sua casa.

Numa segunda-feira pela manha vá a um cruzeiro bem movimentado, de preferência que contenha bancos e lojas comerciais e apanhe sete punhados pequenos de terra. Ao chegar em casa, varra-a, apanhe um pouco do lixo que foi varrido, misture com a terra do cruzeiro e coloque em cima de sete jornais, crave sete moedas em cima e coloque mel por cima de tudo.

Vele no Assentamento de Exu por quatorze horas e devolva ao cruzeiro movimentado.

Oferenda ao Povo de Rua para abrir caminhos

- Sete balas de mel
- Sete moedas

Numa segunda-feira escolha uma rua reta que tenha sete cruzeiros abertos e que seja bem movimentada. Escolha sete cruzeiros e faça uma caminhada deixando uma bala de mel e uma moeda do primeiro ao sétimo. Ofereça e peça a todo o povo da rua que abra seus caminhos.

Não volte pela mesma rua.

Para o seu marido ou sua mulher enjoar do (a) Amante

- Dois corações de galinha
- Vinte e um alfinetes de cabeça
- Um vidro de boca larga
- Sete féis de galinha
- Sete pimentas da costa
- Um pouco de óleo de rícino
- Um pouco de óleo de mamona

Escreva os nomes das pessoas que você deseja separar em dois pedaços de papel. Coloque cada um dentro dos corações, uma-os e espete os vinte e um alfinetes juntos. Diga:

"Assim como estou espetando esses corações, que esses alfinetes espetem o coração de fulano (a)."

Coloque dentro do vidro e acrescente os féis de galinha, as pimentas da costa, o óleo de rícino, o óleo de mamona e tampe bem. Leve a uma encruzilhada e entregue ao Exu de sua preferência. Enterre fazendo os seus pedidos e acenda uma vela vermelha e preta em cima.

Sacudimento de Exu

- Sete bolos de farinha com água
- Sete acaçás brancos
- Sete moedas
- Sete ovos crus
- Sete velas – vermelha e preta

Passe cada elemento no corpo da pessoa de uma só vez e, numa encruzilhada, peça a Exu para afastar toda perturbação que venha pelo lado de Egun.

Coloque tudo em cima de um papel de seda vermelho e um preto e ofereça aos Exus.

Ebó para Esquecer

- Folhas de dormideira verde
- Uma cabeça de cera (homem ou mulher)
- Um alguidar
- Um miolo de boi
- Um vidro de óleo de rícino
- Um pacote de algodão
- Sete vezes o nome da pessoa escrito

Coloque o miolo na mão com o nome da pessoa dentro e converse com Exu. Envolva o miolo com as folhas e depois enrole com algodão. Introduza na cabeça de cera o miolo, regando com bastante óleo de rícino.

Este trabalho deve ser colocado em frente ao Assentamento de Exu e velado ali por sete dias, com velas brancas. Decorrido esse prazo, despache em um mato fechado. Não esqueça que trabalhos só podem ser feitos por pessoas responsáveis.

Esta oferenda pode ser feita a qualquer Exu da encruzilhada e das almas.

Oferenda para Agradar Exu e fazer um pedido

- Farinha de mesa
- Mel de abelhas
- Sete docinhos (Mariola)
- Sete moedinhas
- Sete velas – vermelha e preta
- Um alguidar médio
- Uma caixa de fósforos

Lave o alguidar e coloque a farinha com mel de abelhas. Manipule com os dedos (misturando). Ao manipular, faça os pedidos.

Ao terminar, decore com os docinhos e em cada um coloque uma moeda. Acenda as sete velas ao redor da oferenda.

Coloque no seu Assentamento de Exu ou leve em uma encruzilhada aberta para o Exu de sua preferência.

Para afastar as perturbações materiais e espirituais

- Farinha de mesa
- Azeite de dendê
- Sete moedas
- Sete pregos
- ½ m de fita branca
- Uma vela vermelha e preta
- Uma caixa de fósforos

Faça um padê com a farinha e o azeite de dendê e passe-o na pessoa. A seguir, passe também o restante do material e por último a fita, que depois de passada, deve ser esticada sobre o padê. Deixe as moedas e os pregos em volta do padê, e a vela acesa. Peça ao Exu que livre a sua vida de todas as perturbações que tanto o incomodam.

Esta oferenda pode ser feita no Assentamento ou na encruzilhada para qualquer Exu.

Para conseguir Emprego

- Um alguidar
- Três velas – vermelha e preta
- Mel de abelhas
- Farinha de mesa
- Uma cebola
- Uma garrafa de cachaça

- Um charuto
- Uma caixa de fósforos
- Um vidro de dendê
- 1m de morim vermelho (ou papel de seda)
- Pó de banco (poeira do piso de um banco comercial)

Faça um padê de dois lados, um lado com dendê e outro com mel. No centro, coloque o pó de banco. Enfeite o padê com rodelas de cebola. Tudo em uma encruzilhada. Para obter sucesso, acenda as velas em forma de triângulo.

Este padê deve ficar dentro do alguidar sobre o morim, antes passado no corpo da pessoa para afastar toda a falta de sorte.

Saúde Exu dizendo: Kobá, Laroiê Exu, a Mojubá, Laroiê Exu! Esta oferenda é feita sob a Lua Crescente e pode ser feita a qualquer Exu da encruzilhada.

Abertura de Caminhos (Exu sete Encruzilhadas)

- Sete ovos crus
- Sete velas – vermelha e preta
- Sete moedas
- Sete padês de mel
- Sete folhas de mamona
- Sete caixas de fósforos

Percorra sete encruzilhadas e deixe uma vela acesa, um ovo, uma moeda e um padê (farinha com mel) em cada uma, tudo sobre a folha de mamona. Faça os pedidos até a sétima encruzilhada. Ao voltar para casa, tome um banho de ervas do ombro para baixo. Após o banho, acenda uma vela para o Anjo da Guarda. Esta abertura de caminho pode ser feita a qualquer Exu de encruzilhada. Não volte pela mesma rua.

Oferenda de Exu para obter bons resultados em assuntos difíceis

- Um alguidar grande
- Um quilo de farinha de mesa – mandioca – milho
- Azeite de dendê
- Mel de abelhas
- Água e bebida (que contenha álcool – de preferência cachaça)
- Sete acaçás – enrolados na folha de bananeira ou de mamona
- Sete moedas do mesmo valor
- Sete bolos de farinha
- Sete bolos de arroz
- Sete velas – vermelha e preta
- Sete charutos
- Uma caixa de fósforos
- Uma garrafa de aguardente

Leve o alguidar, faça as quatro farofas (misture separadamente com a farinha o dendê, mel, água e bebida) e coloque dentro uma ao lado da outra. Coloque uma moeda em cada acaçá, desenrolando-os e colocando-os de volta no alguidar. Coloque os bolos de farinha e os de arroz, tudo em forma de círculo. Acenda as velas em volta do alguidar. Acenda os charutos e coloque-os juntos com os fósforos em forma de círculo, com a parte acesa para fora com a caixa de fósforos aberta ao meio. Com a aguardente, salve os quatro cantos e coloque a garrafa ao lado.

Acaçá: é feito da mistura de água e maizena (amido de milho). Leve ao fogo e mexa até ficar bem consistente. Deixe esfriar e corte em cubos de aproximadamente 4 cm.

Esta oferenda pode ser feita ao Exu de sua preferência.

Para abrir caminhos que foram fechados por trabalhos

- Três ovos de casca escura
- Um cartucho de pólvora
- Uma vela branca
- Uma caixa de fósforos.

Dirija-se à porta de um cemitério levando todo o material. Passe os três ovos no corpo, um de cada vez, do pescoço para baixo, de costas para o cemitério e atire-os para trás, lá dentro.

Peça ao seu acompanhante para fazer o ponto de pólvora à sua frente fazendo um círculo que não seja completamente fechado, com a abertura para dentro do cemitério. Quando a pólvora estiver pegando fogo dê sete pulos para cima e passe as mãos pelo corpo como se o limpasse.

Acenda a vela branca e ofereça-a a Ogum Megê. Saia de costas. Este trabalho pode ser feito em qualquer dia, exceto no sábado, das 7h às 00h.

Ao chegar em casa, tome um banho da erva abre-caminho e vista-se com roupa clara e não saia mais.

Presente a Exu Capa-Preta para afastar sua(seu) Rival

- Nove pedras de carvão vegetal
- Nove bolas de feijão preto amassado
- Nove pregos grandes
- Nove agulhas grossas
- Cachaça
- Uma caixa de fósforos
- Uma colher de sopa de sal amargo
- Nove pimentas-malagueta
- Nove galhos de dormideira

- Um miolo bovino
- Nove velas pretas

Chegue à mata e acenda uma vela verde e branca pedindo licença aos caboclos para arriar o feitiço.

Faça um buraco aos pés de uma árvore seca de mais ou menos 30 cm de fundo. Escreva em nove pedaços de papel o nome de sua (seu) rival e ponha dentro das bolas de feijão preto (feijão bem cozido e amassado). Faça os pedidos e coloque as pedras de carvão e as bolas de feijão dentro do buraco. Espete os pregos e as agulhas nas bolas e acrescente cachaça, sal amargo, pimentas-malagueta, dormideira e miolo bovino. Feche o buraco e peça a Exu Capa-Preta que afaste a(o) rival de seu caminho. Acenda as nove velas pretas em cima.

Este serviço pode ser feito na encruzilhada desde que tenha uma árvore seca. Não esqueça de saudar os Exus do local com uma vela acesa vermelha e preta. Faça esta simpatia numa segunda-feira ou sexta-feira de Lua Minguante.

Puxado para casa ou comércio

- Sete balas de mel
- Sete moedas

Conte seis cruzeiros saindo de casa. No sexto, deixe uma bala de mel e uma moeda corrente. Volte para o quinto e deixe a mesma coisa e assim continuamente até chegar ao primeiro. Por último na sua casa, dentro do pátio, em um verde.

Quando estiver voltando e largando as balas e moedas peça ao povo da rua tudo de bom, dinheiro, negócios, saúde, prosperidade etc. e complete o sétimo.

Todas as oferendas e trabalhos apresentados acima podem ser feitos no seu Assentamento, independente para qual Exu for destinado. Ou então diretamente nos lugares adequados aos Exus.

Alguns nomes de Exus

Exu Akessan
Exu Alaketo
Exu Alebá
Exu Arranca-Toco
Exu Asa Negra
Exu Bará
Exu Bauru
Exu Belzebu
Exu Brasa
Exu Brasinha
Exu Calunga
Exu Calunguinha
Exu Calunguinha do Mar
Exu Caminaloá
Exu Campinas
Exu Capa-Preta
Exu Capa-Preta da Encruzilhada
Exu Carangola
Exu Carranca
Exu Casamenteiro
Exu Catacumba
Exu Caveira
Exu Caveirinha
Exu Cemitério
Exu Chupa-Vidas
Exu Cigano
Exu Cleiroso
Exu Cobra
Exu Come-Fogo

Exu Corcunda
Exu Curador
Exu das Bananeiras
Exu das Matas
Exu Desmancha-Tudo
Exu Destranca-Rua
Exu do Candomblé
Exu do Cemitério
Exu do Mar
Exu do Oriente
Exu do Ouro
Exu do Pinheiro
Exu do Tempo
Exu dos Rios
Exu dos Ventos
Exu Duas-Cabeças
Exu Facada
Exu Ferrabrás
Exu Ganga
Exu Ganga-Menino
Exu Gato-Preto
Exu Generê
Exu Gira-Mundo
Exu Ibará
Exu Jelu
Exu João-Caveira
Exu Lalu
Exu Ligeirinho
Exu Limpa-Trilhos

Exu Lodo
Exu Lona
Exu Lonan
Exu Lorde da Morte
Exu Lúcifer
Exu Má-Canjira
Exu Malé
Exu Mangueira
Exu Manguinho
Exu Marabá
Exu Marabô
Exu Marabô-Toquinho
Exu Maré
Exu Matança
Exu Mau-Olhado
Exu Mavambo
Exu Meia Noite
Exu Menino
Exu Mirim
Exu Morcego
Exu Morte
Exu Mulambo
Exu Nanguê
Exu Odará
Exu Omolu
Exu Pagão
Exu Pantera-Negra
Exu Pavena
Exu Pedra-Negra
Exu Pedra-Preta
Exu Pedreira

Exu Pemba
Exu Pimenta
Exu Pinga-Fogo
Exu Pirata do Mar
Exu Poeira
Exu Porteira
Exu Quebra-Galho
Exu Quebra-Pedra
Exu Queima-Toco
Exu Quirombô
Exu Rei
Exu Rei das Sete Encruzilhadas
Exu Rei das Trevas
Exu Sete Brasas
Exu Sete Buracos
Exu Sete Cachoeiras
Exu Sete Campas
Exu Sete Capas
Exu Sete Catacumbas
Exu Sete Caveiras
Exu Sete Chaves
Exu Sete Cobras
Exu Sete Correntes
Exu Sete Covas
Exu Sete Cruzes
Exu Sete de Male
Exu Sete Encruzas
Exu Sete Encruzilhadas
Exu Sete Escudos
Exu Sete Espadas
Exu Sete Estradas

Exu Sete Estrelas
Exu Sete Garfos
Exu Sete Gargalhadas
Exu Sete Giras
Exu Sete Infernos
Exu Sete Liras
Exu Sete Montanhas
Exu Sete Nós
Exu Sete Pedras
Exu Sete Pembas
Exu Sete Poeiras
Exu Sete Ponteiras
Exu Sete Portas
Exu Sete Porteiras
Exu Sete Raios
Exu Sete Sombra
Exu Sete Tampas
Exu Sete Trancas
Exu Sete Ventanias

Exu Sombra
Exu Tatá-Caveira
Exu Tibiriri
Exu Tira-Teimas
Exu Tira-Toco
Exu Tiriri
Exu Tamanquinho
Exu Toquinho
Exu Tranca-Gira
Exu Tranca-Rua
Exu Tranca-Rua das Almas
Exu Tranca-Tudo
Exu Tranqueira
Exu Treme-Terra
Exu Tronqueira
Exu Veludinho
Exu Veludo
Exu Ventania

Segunda Parte

Assentamento com Ervas

Assentamentos de Exus com Ervas

Todo e qualquer tipo de Assentamento deve ser feito sob as Luas Crescente, Nova ou Cheia. Nunca sob a Lua Minguante nem com o tempo chuvoso. A pessoa que dirigir o ritual de Assentamento não pode estar irritada, nervosa, agitada, ter ingerido bebida alcoólica ou participado de enterro ou velório nos últimos sete dias. Também não ter praticado sexo nas última 24 horas. Se for mulher, não pode estar no período menstrual. Em relação ao ingerir bebida alcoólica, salvo se for uma entidade que vai dirigir o ritual de Assentamento, essa sim pode beber.

Se você for dirigir o ritual de Assentamento tome um banho de descarga e, antes de começar, leve uma cachaça e um champanhe em uma encruzilhada e abra-as virando um pouco de cada no chão. Leve também dois charutos ou dois cigarros deixando-os acesos. Leve uma vela vermelha e preta também as deixando também acesas. Ofereça tudo aos Exus e Pombas-Gira, isso se souber alguns nomes de Exus e Pomba-Gira. Caso contrário ofereça ao Povo de Rua pedindo que segurem a sua casa contra as coisas ocultas e espíritos obsessores e perturbadores etc. Isso para que o seu assentamento seja feito com segurança e repleto de energias positivas.

Apresentarei um assentamento básico com a imagem de seu Exu feita de gesso, que é a mais fácil de ser encontrada. Não conterá todos os itens citados anteriormente. Usarei o mínimo possível de material que envolva dinheiro. Mesmo assim, se você fizer e faltar algo, não deixe de fazê-lo.

Lembro que quanto mais itens colocar no seu assentamento, mais potente ele ficará. E se quiser acrescentar alguma particularidade referente à sua Entidade, fica ao seu critério e de sua Entidade. Só somará e abrilhantará ainda mais o seu assentamento.

Não esqueça que ao fazer um Assentamento você está trocando e lidando com energias positivas e negativas: energias astrológicas, lunares, solares, elementares, espirituais, telúricas, aquáticas, ígneas, eólicas, minerais, vegetais etc.

Os elementos usados, como: alguidar, quartinhas, oferendas, ervas, galinhas etc. devem ser bonitos e de ótima qualidade. Os cuidados são para que tenha sucesso na feitura de seu Assentamento, que depois de pronto reflita energias positivas direcionadas a você e à sua vida.

Não é fácil juntar, colocar e executar as palavras no lugar certo. E, por este motivo, eu peço desculpas aos grandes escritores de Umbanda e sua Linha de Esquerda, aos Pais de Santo, Mães de Santo, Babalorixás, Yalorixás, Caciques e Chefes de Terreiro. Desculpas por usar palavras simples e primárias referente à Umbanda e sua Linha de Esquerda.

Falando de energia: assim como existem energias positivas, também existem as negativas. E uma não vive sem a outra. Ou seja: as duas juntas se completam. O mesmo acontece com os assentamentos de Exu. Não existe assentamento de Exu sem também assentar junto uma Pomba-Gira, ou vice-versa. Os dois juntos se completam. Ou seja: um não vive sem o outro. São dois companheiros inseparáveis. Por isso, sempre que for assentar um Exu, assente junto uma Pomba-Gira.

Ex.: Exu de Cruzeiro, Pomba-Gira de Cruzeiro; Exu de Alma, Pomba-Gira de Alma; Exu de Mato, Pomba-Gira de Mato; Exu de Praia, Pomba-Gira de Praia, assim sucessivamente.

Com isso, você não corre o risco de ter um assentamento de Exu rengo. Ou seja: faltando a outra parte. Ou até mesmo com energias trocadas e não trazendo bons retornos.

As tribos indígenas antigas acreditavam em alguns tipos de animais como fossem Deuses. Outras acreditavam no Sol. Outras na Lua. Algumas esculpiam certas imagens em madeira e até em tronco de árvores ou pedras. Acreditavam que aquilo que estavam cultuando era Deus. Todos os rituais feitos davam certos. Principalmente para cura. Na realidade não era Deus. Todos tinham apenas encontrado uma maneira de ativar sua fé (energia), e sem saber. Por isso dava certo; depositavam ali toda a sua fé. É hora de ativarmos a sua!

Assentamentos

1. Sete, quatorze ou vinte e um tipos diferentes de ervas de Exu (pequena quantia de cada)
2. Três ou sete tipos de diferentes de bebida alcoólica
3. Um vidro pequeno de perfume (pode ser de uso)
4. Um pote pequeno de mel
5. Um vidro pequeno de azeite de dendê
6. Uma lata de Ori (compre nas floras de umbanda)
7. Uma ou oito ponteiras de ferro ou aço
8. Um garfo de Exu (em forma retangular com três pontas)
9. Três porretes de Cambuí do Mato ou Vara de Marmelo – fino de mais ou menos 15 cm de comprimento

Exu e seus Assentamentos

10. Uma chave

11. 77 cm de corrente de aço

12. Sete moedas antigas ou atuais

13. Sete búzios pequenos abertos (se você não conseguir comprá--los aberto abra-os na parte de cima arredondada com uma faca de cerra. Cerre-os em forma arredondada ou gaste-os numa pedra áspera até aparecer uma semente de dentro)

14. Um ponto riscado feito em ferro – que pode ser usado como cabala do seu Exu ou do Exu que escolher

15. Sete esferas de aço (tipo bola de gude)

16. Uma quartinha preta em cima e vermelha em baixo – ou a critério de sua entidade

17. Uma panela de ferro – barro ou alguidar médio

18. Uma imagem de gesso do seu Exu de 20 cm – ou do Exu que escolher

19. Uma guia de Exu preta e vermelha – ou ao critério de sua Entidade

20. Um punhal ou uma faca boa de lâmina e ponta fina – será destinado ao Exu

21. Uma sineta pequena

22. Um pires de louça – pode ser de uso doméstico

23. Um castiçal de barro ou de metal

24. Um copo de vidro para servir o Exu

25. Um punhado pequeno de terra do cruzeiro

26. Um punhado pequeno de terra do cemitério

27. Um punhado pequeno de terra do Mato

28. Um punhado pequeno de terra da Praia ou Mar

29. Um punhado grande de terra de sua residência

30. Pó de tijolo (rale um pedaço de tijolo)
31. Pó de carvão (rale um pedaço de carvão)
32. Pó de cinzas de fogão à lenha
33. Pó de enxofre
34. Um frasco pequeno de pimenta em pó
35. Um alguidar ou bandeja forrada com papel vermelho e preto – ou com folha de mamoneiro contendo milho de galinha torrado escuro – pipoca – sete batatas inglesas pequenas assadas e colocadas em cima na volta em forma de círculo
36. Um ecó (vasilha pequena com água, sete punhados pequenos de farinha de mandioca e sete gotas de dendê)
37. Algumas frutas
38. Uma vela de sete dias – preta e vermelha
39. Balde ou bacia média para ralar ervas (pode ser de seu uso doméstico)
40. Uma pedra áspera (pedaço)
41. Um pedaço de pano branco ou vermelho pequeno – ou tela fina para coar as ervas
42. Dois litros de água pura
43. Um pedaço de pano branco ou vermelho – para secar os materiais
44. Uma toalha – pano ou plástico (para estender no chão e servir como mesa)
45. Uma bacia média ou grande que caiba dentro da casa de Exu (pode ser de seu uso doméstico)

Obs.: As terras, pós, pimenta, o alguidar ou bandejas forradas contendo os ingredientes milho, pipoca etc., o eco e as frutas, só serão usados no final do terceiro dia, na concretização do assentamento.

O ponto riscado que serve como cabala de Exu deve ser feito em um serralheiro.

Os punhados de terras têm que dar para encher a vasilha usada para o assentamento (panela de barro, ferro ou alguidar). A terra do cemitério não pode entrar na sua casa. Deixe-a do lado de fora até ser usada. E depois das terras misturadas, o que sobrar despache na rua. Se você não conseguir encontrar ou comprar alguns desses itens, não tem problema. Coloque-os no assentamento mais adiante. E, se acrescentar mais alguns ou até mesmo todos os itens citados, ótimo. Caso contrário, acrescente aos poucos, até completar. Use vários tipos de terras, de vários locais. Assim o Exu assentado terá acesso em todos os lugares, e não só ao lugar onde pertence. Ele e alguns Exus pertencentes àquele local de onde vieram as terras poderão te defender de tudo e de todos, em todos os lugares.

De posse de todo o material e já com a casa de Exu e Pomba--Gira pronta, e com o seu plantio feito – caso tenha optado por esse. Vamos em frente, em direção ao assentamento.

Acenda a vela de sete dias dentro da casa de Exu e Pomba-Gira. Caso não esteja acesa (use um castiçal improvisado) peça clareza e tudo de bom para esse assentamento. Comece o ritual depois do pôr-do-sol e em seguida coloque as ervas escolhidas dentro de uma bacia (pode ser de uso de sua casa) e despeje por cima mais ou menos 2 litros de água quente (chiada). Nunca use água fervendo, pois pode anular os elementos químicos das ervas. Use água pura (mineral sem gás, chuva, rio ou poço), deixe em fusão e espere esfriar um pouco e manuseie as ervas.

Após macerá-las (ralar) com as mãos, macere usando uma pedra áspera. Tirará melhor aproveitamento das ervas. Se preferir, use, para preparar as ervas, água fria ao invés de água quente.

Feito tudo isso, espere mais ou menos uma hora e coe o líquido com um pedaço de pano branco ou vermelho, ou uma tela fina, separando os resíduos das ervas raladas do líquido. Despache-os na rua. Em seguida, coloque o líquido dentro de uma vasilha que caiba dentro da casa de Exu, que dentro dela caiba todos os matérias necessários para o assentamento citado anteriormente, com exceção da imagem de gesso, que não deve ficar de molho junto com o material. Acrescente também um pouco de perfume e um copo de cada bebida de álcool. Misture, reserve-o e aguarde a hora de ser usado.

Lave todo o material com sabão neutro, coco ou da costa. Tirará os resíduos de energia de pessoas ou casas de comércio de onde foram adquiridos (panela ou alguidar, imagem, quartinha, guia de exu, punhal ou faca, copo, pires, ponteiras, moedas, garfo, porrete de cambuí ou marmelo, chave, corrente, búzios, ponto riscado – considerado cabala, esferas de aço, sineta, castiçal).

Seque-os com um pano branco ou vermelho. Pode ser feito dentro de casa. Depois, leve tudo para frente da casa de Exu e coloque uma toalha ou um plástico no chão. Abra a casa de Exu, chame a Entidade pelo nome, saúde-a e peça novamente clareza, força e muita luz para o seu assentamento (pode pedir tudo que desejar).

Já com a casa aberta, a vela acesa, isso se você optou pelo plantio. Pegue a bacia que deve estar com o líquido dentro e pronto para ser usado e coloque em cima da mesa improvisada. Comece a lavar todo o material, um por um. Deixe-os dentro da bacia de molho no mieró (Amaci), com exceção da imagem de gesso e o pires.

Faça isso devagar. Com firmeza. Peça tudo de bom para sua vida dali para frente.

Coloque a bacia com todo o material dentro da casa de Exu e Pomba-Gira e empurre-a para o fundo da casa. Coloque a imagem de Exu em cima do pires, de pé, em frente à bacia, sem secar. Na frente da imagem, a vela acesa. Feche a porta da casa e deixe isso tudo dentro durante três dias seguidos, sempre com a vela acesa.

Durante esses três dias, vá à casa de Exu pelas primeiras horas da manhã, abra a porta da casa e pegue a sineta dentro da bacia de molho. Pegue-a e bata chamando pela Entidade ali assentada. Faça os pedidos com muita firmeza.

Coloque a sineta de volta na bacia e feche a porta. Está pronto. Repita tudo no final da tarde. E assim sucessivamente durante três dias. Porém, toda vez que for à casa de Exu pela manhã e pela tarde, durante os três dias, pegue a sineta, toque-a e faça os pedidos. Pegue em primeiro lugar a imagem de gesso que está em pé, em cima do pires e banhe-a novamente no Mieró (Amaci) da bacia. Coloque--a sem secar em pé, no pires, em frente à bacia. Repita esse banho durante três dias, pela manhã e tarde. Quando for à casa de Exu, faça os pedidos.

Não ingira bebida alcoólica em hipótese alguma. Salvo se for à Entidade durante o ritual. Ou seja: de três a sete dias. E não tenha relação sexual neste período. Não vá ao Cemitério, velório, hospital visitar um doente. Se for mulher, cuide do período menstrual. Procure não brigar nem discutir com ninguém. Ou seja: esteja em estado de purificação para não correr o risco de prejudicar a feitura do assentamento e tê-lo que repetir novamente.

O ritual de plantio pode ser feito em um dia, o de lavagem pode ser no outro, o de assentamento no terceiro, seguido da lavagem do material. Todos que fizerem parte deste ritual podem incorporar seus Exus e Pombas-Gira. Isso até mesmo para confirmar e dar mais força espiritual à Entidade (Exu) e ao Assentamento que está sendo feito a ele. Se preferir, faça o plantio e a lavagem do material no mesmo dia. Porém, o Assentamento só será concretizado no terceiro dia após a lavagem do material. Se quiser, complete tudo com uma Gira de Esquerda, isso no terceiro dia de concretização do Assentamento (gira comum ou festa), fica a seu critério. Se preferir faça tudo sigilosamente, sem Gira, sem festa.

Passado os três dias, ao final da tarde após a chamada e lavagem da imagem de gesso, comece a concretização do seu Assentamento.

Arme a mesa no chão, com a toalha ou plástico usado anteriormente para tal fim, isso em frente à casa de Exu livrando a porta. Retire de dentro da casa a imagem de Exu, o pires e a bacia e coloque-os em cima de uma mesa improvisada. Retire item por item de dentro da bacia e seque um por um com o mesmo pano que foi usado para secar os materiais. Coloque os objetos sobre a mesa. Após retirar o último item, retire a bacia com o Mieró (Amaci) de cima da mesa e reserve-a num lado até ser usada novamente.

Seguindo em frente: pegue uma vasilha, balde ou bacia que caiba todos os tipos de terra, pós e pimentas que estavam reservados e coloque-os dentro misturando tudo bem misturado (cuidado para não virar nada no chão – e após o uso o que sobrar desses itens já misturados deve ser despachado na rua e a vasilha lavada). Pegue a panela ou alguidar escolhido para o Assentamento e encha-o com essas terras já misturadas, socando-as com as mãos para ficar bem firme.

Agora a imantação de todos os materiais a serem usados com banha de ori, óleo de dendê, mel (imagem, ponteiras, garfo, porrete, chave, corrente, moeda, búzios, ponto riscado que serve como cabala, esferas, quartinha, punhal, sineta).

Coloque-os sobre a mesa.

1. Espalhe um pouco de banha de ori nas mãos e passe-as já engraxadas em todos os materiais deixando-os bem engraxados. (espalhe a banha de ori nas mãos pelo menos duas vezes durante o processo)

2. Espalhe um pouco de óleo de dendê nas mãos e passe-as em todos os materiais que estão imantados com a banha de ori. (espalhe o óleo de dendê nas mãos pelo menos duas vezes durante o processo)

120 ♈ *Exu e seus Assentamentos* ♈

3. Espalhe mel nas mãos e passe-as em todos os materiais que estão imantados com a banha de ori e óleo de dendê. (dessa vez espalhe uma vez o mel nas mãos – Exu e Pomba-Gira não são de muito de mel)

4. A cada nova imantação com banha de ori, óleo de dendê e mel: comece sempre pela imagem para que fique bem imantada.

5. O castiçal, o copo e o resto do material não citado acima não são imantados e estão pronto para serem usados.

6. A Guia de Exu deve ser imantada somente com banha de ori. Está pronta para ser usada.

Com todo material já imantado e em cima da mesa improvisada, comece a montagem do seu Assentamento. Pegue a bacia reservada que está com o Mieró (Amaci), a panela ou alguidar já pronto com as terras e pós, umedeça um pouco colocando um ou dois copos pequenos do Mieró (Amaci) dentro da panela ou alguidar, umedecendo as terras. Faça bem devagar para não criar buracos na terra já socada. Vire o líquido na mão deixando-o cair suavemente para não fazer buracos dentro da panela ou alguidar. Umedeça não muito o mesmo pano que foi usado para secar o material e passe por dentro da casa de Exu. Depois de passado o pano, o resto do líquido e o pano usado podem ser despachados no fundo do pátio, de preferência no mesmo dia.

Próximo passo: pegue a panela ou alguidar escolhido para o Assentamento já com as terras, pós e umedecido com o Mieró para ser usado.

1. Enterre as sete ponteiras em círculo na volta (na beira) da panela ou alguidar, dividindo o espaço à sua volta, ou para enterrá-las com as pontas para cima. Enterre-as um pouco, não muito e deixe-as caídas para o lado de fora da penal ou alguidar. (se estiver

fazendo o Assentamento somente com uma ponteira, essa deve ficar reservada ate mais adiante. Comece pelo item dois)

2. Coloque as sete moedas deitadas com o número para cima. Em círculo, na volta (na beira) da panela, ou alguidar entre os vãos de uma ponteira e outra, isso se estiver usando as sete ponteiras. Caso contrário distribua-as, dividindo o espaço na volta da penal ou alguidar.

3. Coloque um búzio com a parte aberta para cima em cima de cada uma das moedas. (parte aberta é aquela que você abre com uma faca/serra ou gasta numa pedra áspera)

4. Coloque as seis esferas entre os vãos das ponteiras, ou moedas em círculo na volta (na beira) da panela ou alguidar.

5. Coloque a imagem de pé no centro da panela ou alguidar.

6. Na frente da imagem enterre (crave) a chave com a parte de abertura para cima e para frente. (enterre mais ou menos a metade da chave)

7. No lado esquerdo e direito da chave, não muito próximo, mais ou menos uns cinco cm para cada lado, enterre o primeiro e o segundo porrete de cambuí ou marmelo – mais ou menos a metade. O terceiro porrete deve ser enterrado atrás das costas da imagem, entre a imagem e a lateral, na panela ou alguidar. (os porretes em forma de triângulo e a imagem ao meio)

8. No lado direito, bem próximo à imagem, enterre o garfo de Exu (crave o suficiente para ficar firme, em pé, com as pontas para cima). Do lado esquerdo, bem próximo à imagem, enterre a ponteira. (crave o suficiente para ficar bem firme, em pé, com a ponta para cima)

9. Dobre a corrente pela metade (ficando dupla), segure as duas pontas, uma em cada mão e distribua em círculo na volta da panela ou alguidar, por cima das moedas, búzios, esferas.

Comece pela parte de trás e controle para que termine as duas pontas da corrente na frente, sem fechar o círculo. Deixe mais ou menos uns quatro cm de abertura.

10. Feito tudo isso, pegue o ponto riscado feito em ferro, que serve como cabala de Exu e que deve ter a parte de baixo (base) mais comprida caso vá usar, e enterre-o na parte de trás da imagem, bem próximo às costas. (crave o suficiente para ficar bem firme)

11. Vire um pouco de óleo de dendê e mel por cima de tudo, inclusive da imagem. Mais dendê do que mel. Está pronto.

12. Pegue essa panela ou alguidar com cuidado para não cair nada e coloque dentro da casa de Exu, na parte do assoalho, no fundo. Deve ter uma elevação com mais ou menos 20 cm acima do assoalho, que é aonde deve ser colocada a panela ou o alguidar com o Assentamento de Exu. O Assentamento não pode ficar no mesmo nível do assoalho. E, se a casa tiver mais uma prateleira do meio para cima, coloque os pacotes de velas, fósforos, garrafas de bebidas, cigarros, charutos e algumas oferendas que não caibam na frente do Exu por falta de espaço.

13. Pegue a quartinha, encha de água e coloque junto à panela ou alguidar, com o Assentamento ou no assoalho da casa.

14. Encha o copo, não muito, com cachaça, uísque ou a bebida que for servir ao Exu. Coloque junto com o Assentamento ou no assoalho da casa.

15. Crave o punhal ou faca num dos lados, na parte de dentro da casa. No assoalho, se a casa for de madeira, com o fio do punhal ou faca, de frente para rua. Se a casa for de alvenaria, use uma pequena tábua para cravar o punhal ou faca, sempre com o fio virado para rua.

16. Troque o castiçal improvisado com o que vai ser usado na casa de Exu.

17. Coloque a sineta na casa de Exu. A Guia você pode usar quando quiser.

18. Coloque o Ecó, alguidar ou bandeja com as oferendas de Exu, frutas – que também devem estar dentro de uma vasilha qualquer – e espalhe-as de modo que fiquem bem bonitas, de um lado as oferendas, do outro lado o Eco. Depois as frutas e assim sucessivamente. Que fique tudo na frente do Exu. Cuide para que a vela fique bem à frente, em frente à porta. A faca, num dos lados, do meio para o fundo da casa.

19. Se você optou pelo plantio na casa de Exu o batizado já deve ter sido feito. Ou então faça como foi ensinado anteriormente. Depois jogue um pouco de perfume em cima de tudo, pegue a sineta e bata fazendo uma chamada ao Exu. Peça tudo de bom e largue a sineta. Feche a porta com fechadura ou cadeado. Está pronto o seu assentamento (Ponto de Força).

Esclarecimento

Este Assentamento com ervas mesmo sendo um Assentamento básico e não contendo todos os itens citados neste livro, é muito bonito e eficaz. Se você quiser fazer o seu Assentamento e não dispor financeiramente de todo o material, faça-o com o mínimo essencial, que é a panela ou alguidar, imagem, garfo, quartinha, ervas, bebidas, mel, ori, óleo de dendê, terras, pós, a casa, que também pode ser improvisada. Se você fizer com amor e carinho terá um retorno muito rápido para que possa completá-lo definitivamente. (sempre que acrescentar algo no Assentamento lave primeiro com as ervas e bebidas deixando por três dias de molho na casa de Exu e Pomba-Gira. Faça como foi feito no Assentamento, acrescentando da mesma maneira que foi ensinado anteriormente)

As oferendas, ecó, frutas e copo com bebida colocados na feitura do Assentamento, por serem as primeiras, devem ser despachadas no sétimo dia sem falta, contando os três dias de cruzamento no mieró, na rua, completando assim definitivamente o seu assentamento. (alguidar de oferenda, vasilhas de ecó, copos de bebidas – quando forem despachados as vasilhas retornam para casa para serem completados e usadas novamente)

Quanto ao reforço do Assentamento (fortaleça e imante novamente o mesmo). Deve ser feito de ano em ano usando a data da feitura como aniversário do assentamento. Faça o reforço uns dias antes ou uns dias depois, sem interferir em nada. Porém, não esqueça o dia certo do aniversário para acender a vela e oferecer uma oferenda ao Exu.

O reforço deve ser feito da seguinte forma.

Reforço anual do Assentamento de Exu com Ervas

Reforce o seu Assentamento todos os anos:

1. Escolha ervas de Exu 7, 14, 21 e prepare o Mieró como já foi ensinado.

2. Coe e coloque em uma vasilha pequena. (bacia)

3. Acrescente gotas de perfume e um copo de cada bebida alcoólica escolhida por você.

4. Acenda uma vela preta e vermelha na casa de Exu.

5. Coloque a bacia dentro da casa de Exu, que não deve ter nenhuma oferenda dentro. Se tiver, despache-as.

6. Retire a imagem de cima da panela ou o alguidar do Assentamento e dê um banho suavemente com o Mieró que está na bacia. Coloque-a de pé em cima de um pires ao lado da bacia (sem secar). Não mexa no restante do assentamento que está

na panela ou no alguidar: ponteira, garfo, moeda, búzios, corrente e cabala.

7. Pegue um copo pequeno e encha não muito com o Mieró. Vire suavemente no alguidar ou panela do assentamento.

8. Coloque o punhal ou faca, a guia, sineta e quartinha de molho na bacia do Mieró e deixe por três dias. (despache a água da quartinha na rua antes de colocá-la de molho)

9. Vá à casa de Exu durante os três dias nas primeiras horas da manhã, pegue a sineta da bacia e faça uma chamada ao Exu. Peça tudo de bom e coloque a sineta de volta na bacia. Pegue a imagem de cima do pires e dê um banho suavemente no Mieró. Recoloque para secar naturalmente em cima do pires. Repita tudo isso durante os três dias, pela manhã e à tarde, após o pôr--do-sol. Se preferir, à noite. Entretanto, o copo com Mieró só deve ser colocado (virado) no Assentamento uma vez ao dia. Somente pela manhã, à tarde não.

10. Passado esse tempo, retire o material que está de molho no Mieró e despache-o na rua. Agora sim, você pode secar a imagem e os materiais que estavam de molho no Mieró – use um pano vermelho ou branco. Faça após três dias de reforço, ao final do terceiro dia, após a última lavagem da imagem e chamada do Exu, depois do pôr-do-sol, ou à noite, se preferir.

11. Após a secagem do material, faça a imantação: passe a banha de ori na palma das mãos e passe-as na imagem e nos materiais que estavam de molho no Mieró. Deixe-os bem engraxados.

12. Passe o óleo de dendê na palma das mãos e passe-as na imagem e nos materiais agora imantados com a banha de ori.

13. Passe mel na palma das mãos. Não muito. Passe as mãos na imagem e os materiais agora imantados com banha de ori e óleo de dendê. Está pronto.

Obs.: A Guia de Exu só deve ser imantada com a banha de ori. Está pronta para o uso.

14. Após tudo imantado coloque a imagem de volta em cima da panela ou do alguidar do Assentamento. Despeje um pouco de óleo de dendê por cima de tudo, inclusive da imagem, e um pouco de mel por cima de tudo. Coloque mais óleo de dendê do que mel. (Exu não é muito do mel)

15. Coloque a faca no lugar. Coloque água na quartinha e coloque no lugar, o mesmo com a sineta. A Guia está pronta para o uso. Jogue um pouco de perfume por cima de tudo e está pronto.

16. Coloque um ecó, umas frutas e uma oferenda bem bonita para o Exu, bata a sineta e peça tudo o que quiser: negócios, saúde, felicidade para você e sua família.

Obs.: O reforço anual do Assentamento com ervas é obrigatório sob pena de perder a imantação que tem uma duração de mais ou menos um ano. A partir daí o Assentamento corre o risco de enfraquecer e até mesmo perder o valor.

Como cuidar do seu Exu daqui para frente

1. Mantenha na casa de Exu uma vela de sete dias preta e vermelha acesa ou acenda uma comum todos os dias. (na falta da vela de cor pode ser branca. Se a casa do Exu e da Pomba-Gira tiver lâmpada vermelha, acenda pelo menos um pouco todas as noites)

2. Mantenha o copo com alguma bebida e troque-a despachando na rua, em frente à sua casa. Se preferir, na encruzilhada, a cada sete ou quatorze dias. Coloque bebida nova (de preferência, segundas ou sextas-feiras). E nunca despache nada quando estiver chovendo. E, a cada vez que for acender uma vela, trocar bebidas ou colocar oferendas, pegue a sineta, bata e faça uma chamada fazendo os pedidos.

3. Tenha na casa de Exu sempre um Ecó. Despache-o (trocando) igual e junto à bebida.

4. Mantenha uma vasilha (pode ser um alguidar pequeno) com milho de galinha escolhido e torrado escuro, e milho pipoca estourado dentro dela. Troque a cada quatorze dias e despache na rua, numa encruzilhada.

5. Esse é o básico e obrigatório para ter na casa de Exu. O restante fica por sua conta e ideia, não esquecendo que você pode oferendar tudo aquilo que já foi citado aqui.

6. Como agora você tem Assentamento de Exu pode fazer qualquer trabalho, ritual, magia e oferenda (para o bem), para si ou para alguém que necessitar. Pode arriar (colocar) na casa de Exu deixando ali mais ou menos sete dias. Despache numa encruzilhada.

7. Exu não é diabo e nem demônio. Exu não é espírito atrasado, ao contrário: Exu é um espírito em evolução e por isso é nosso amigo. Amigo de nossos filhos e de nossa família. Exu só quer ajudar. O Exu verdadeiro, ao contrário do que dizem, gosta de crianças, mulheres, das pessoas e do mundo. É assim que conseguimos despertar a fé nas crianças. É importante que no futuro tenham uma religião ou acreditem em alguma coisa. E é assim que conseguimos que as pessoas fracas de espírito, sem fé, acreditem em alguma coisa.

8. Se alguém da sua família, pai, mãe, filho (a), esposa, irmão, tiver algum problema, mandem-nos acender uma vela na casa de Exu e pedir que ele ajude a resolver. Tenho certeza que será atendido. E isso despertará a sua fé interior.

9. *"Criança não pode chegar perto da casa de Exu."* Pode sim. É só ensinar a chegar com respeito, educação e fé. Com certeza a criança também terá seus caminhos abertos pelo Exu.

10. Não existe assentamento de Exu sem assentar junto uma Pomba-Gira. Quando você for assentar o seu Exu adquira o Livro Assentamentos de Pomba-Gira (com ervas e aves). O ritual é praticamente o mesmo. Só são acrescentado algumas coisas e alguns itens.

Terceira Parte

Assentamentos com Aves

Esclarecimento

Sangue (Axorô Menga). Sangue é vida. Sangue é energia. Sangue é o que circula dentro das nossas veias. Por ser uma energia tão forte nos mantêm vivos e de pé.

E são por esses motivos que se oferece sangue (Axorô Menga) no Assentamento de Exu. A energia de um Assentamento de ervas somadas com a energia do sangue (Axorô Menga), que é fortíssima tornará o Assentamento bem mais potente.

Um Assentamento feito com Mieró de ervas é tão potente e igual a um Assentamento feito com sangue (Axorô Menga). É por esse motivo que, após receber o sangue (Axorô Menga), não receberá mais o Mieró. Com isso, fica mais fácil reforçá-lo ano a ano evitando alguns trabalhos e ganhando tempo. Além, é claro, de ter o Assentamento subido um degrau a mais em relação às energias. Por esses motivos se oferece sangue no nosso Assentamento de Exu. Para potencializá-lo ainda mais e assim atingirmos nossos objetivos mais rápidos e com mais facilidades.

Quanto aos comentários maldosos sobre sangue nos assentamentos: não passa de bobagem. Parte dessas pessoas é desinformada, sem cultura, recalcada, triste, fraca de espírito, sem ambição, sem amor, sem dinheiro, sem objetivo nenhum na vida. Pode-se até pensar em ciúme pelo que nós somos, temos e ganhamos dentro da religião. Ciúme das nossas casas de Exu, das nossas festas, das nossas entidades, das pessoas que ajudamos e que estão sempre à nossa volta.

Assentamento de Exus com Aves

O Assentamento de Exu com Aves começa exatamente aonde termina o Assentamento de Exu com ervas, ou do reforço anual do Assentamento com Ervas. Ou seja: aonde colocamos o óleo de dendê e o mel por cima de tudo, depois do material ser imantado com banha de ori, óleo de dendê e mel.

No mesmo momento da feitura do Assentamento com ervas ou do reforço anual você pode fazer também a feitura com Aves oferecendo no Assentamento um pombo ou um galo nas cores do Exu. Não esqueça que no momento em que oferecer Aves no Assentamento de Exu ele não receberá ervas em hipótese alguma. E o reforço será feito com Aves. O processo de Assentamento com Aves é todo igual ao assentamento com ervas. Porém, acrescentamos coisas referentes às aves. Tenha como exemplo um pombo.

Se você optar pelo Assentamento com aves e usar um pombo na primeira vez, nas próximas use o galo sem perder o costume de usar o primeiro. (o pombo usado frequentemente pode santificar o Exu).

Material Necessário
- Um Pombo com os pés e o bico lavados (limpo e seco)
- Mel
- Óleo de dendê
- Dois pires
- Perfume
- Uma vasilha pequena contendo metade de água

- Punhal ou faca (a mesma do assentamento que já foi consagrada ao Exu, com ervas)

Pense no ponto em que colocou o óleo de dendê e o mel por cima de tudo. Próximo passo:

1. Após colocar o dendê e o mel por cima de tudo, depois de imantar o material com banha de ori, óleo de dendê e mel, coloque a panela ou alguidar na frente da porta da casa de Exu, no chão, improvisando uma mesa com uma toalha ou plástico. Junto, a quartinha, e a sineta. Coloque o punhal ou a faca deitado na panela ou alguidar, nos pés da imagem. Bata a sineta e saúde Exu.

2. Pegue o pombo, com o bico e os pés lavados. Com uma colher pequena coloque um pouco de mel no bico.

3. Pegue o pombo pelas asas abrindo-as com o peito do pombo para frente, com as costas viradas para você.

4. Levante-o com as asas abertas em direção aos quatro pontos cardeais, saúde Exu, que está sendo assentado e mostre o pombo às pessoas que estiverem presentes. Peça "Agô" (licença). Elas devem responder "Agoiê" (licença concedida).

5. Leve o pombo para baixo, na mesma posição, em direção à panela ou ao alguidar.

6. Agarre o pombo com uma mão. Agora com as asas fechadas na mesma posição (peito virado para o Assentamento e as costas viradas para você). Com a outra mão pegue o pescoço e com os dedos polegar e indicador próximos à cabeça ache a junta.

7. Aperte os dedos desnucando e destacando a cabeça. Deixe o sangue (Axorô Menga) cair em cima do Assentamento.

8. Destaque a cabeça e com a mesma rapidez que usou para destacar a cabeça. Volte e segure o pescoço do pombo puxando

o couro para trás, em direção ao corpo para melhor jorrar o sangue (Axorô Menga). Seja rápido e deixe o sangue cair por cima de todo o Assentamento.

9. Menos na quartinha e na sineta, que estão ao lado. Depois, passe a cabeça do pombo nelas sujando-as.

10. O pombo não pode sofrer em hipótese alguma. Para firmar melhor o pombo pode usar o joelho da perna junto à mão. (não deixe o pombo voar, escapar ou bater as asas).

11. Outra maneira de segurar o pombo é com as asas abertas, levantadas para cima. Enfie a mão por baixo das asas, bem para frente, e segure-as com o polegar e o indicador. Leve a mão para frente o máximo que puder segurando as asas no tronco. Assim os outros dedos podem ajudar a firmar o pescoço na hora de destacar a cabeça. O resto é igual.

12. Após ter jorrado sangue (Axorô Menga) em cima do Assentamento, inclusive da imagem, coloque a cabeça do pombo na frente da imagem, na beirada da panela ou no alguidar à sua frente.

13. Lave o pescoço do pombo numa vasilha com água, que deve estar ao lado do Assentamento, em cima da mesa improvisada.

14. Destaque sete penas de cada asa do pombo e coloque sete em cada lado, uma ao lado da outra, na beira da panela ou no alguidar do assentamento. Crave-as o mínimo possível, só para ficar em pé.

15. Destaque três penas da cola e crave na parte de trás, na beira da panela ou no alguidar, atrás da imagem.

16. Pegue o pombo e, com uma faca de cozinha, destaque as pernas na junta e coloque-as na frente do Assentamento, uma de cada lado da cabeça, deitadas com a parte que foi destacada para dentro com os pés para frente, um pouco para fora da panela ou do alguidar.

17. Destaque algumas penas das costas e espalhe em cima do Assentamento. Dos lados, as penas das asas. Na frente, a cabeça e os pés. Atrás, a penas da cola. No meio, a imagem. É como se você estivesse montando o pombo. O corpo é o Assentamento.

18. Pegue a panela ou o alguidar do Assentamento e coloque no seu devido lugar, dentro da casa de Exu. Faça o mesmo com a quartinha, (com água) e sineta. Coloque o Eco, as frutas e as oferendas, pulverize um pouco de perfume por cima de tudo, bata novamente a sineta saudando o Exu e feche a porta da casa de Exu. Está pronto.

19. Despache a água da vasilha usada para lavar o pescoço do pombo na frente de sua casa, ao lado de fora do portão.

Sempre que estiver manuseando o pombo para tirar as penas – ou se ele estiver em cima da mesa improvisada esperando para tal fim – não o deixe com os pés virados para a rua, sim para dentro. Ao oferecer mais de um pombo para o Exu no seu Assentamento, ao invés de tirar sete penas de cada asa, tire somente sete penas de uma asa de cada pombo, independente de quantos forem. O restante do ritual segue igual. Não esqueça de lavar os pés e o bico do pombo antes do ritual.

20. Para finalizar a primeira etapa, recolha a mesa provisória e tudo que estiver na frente da casa de Exu. Leve o pombo direto à cozinha.

21. Depene o pombo a seco, sem molhar. Depois sapeque no fogo para queimar algumas penas e plumas que ainda ficaram. Lave o pombo e abra-o.

22. Pegue uma faca de cozinha bem afiada e uma tábua de cortar carne. Corte a ponta do pescoço, as pontas das duas asas e reserve-as.

23. Risque o couro e corte no sentido horizontal acima do peito, próximo ao pescoço. Tire a goela e o papo com os dedos.

24. Abra o pombo com a ponta da faca riscando o couro do peito para baixo, no sentido vertical.

25. Introduza os dedos das mãos com cuidado tirando as vísceras do pombo.

26. Separe e coloque tudo junto com a ponta do pescoço e com as pontas das asas: o coração, o fígado e a moela, tudo devidamente aberto e limpo.

27. As penas do pombo e as vísceras (buxadas, tripas, pulmões etc.) podem ser enterradas no fundo do pátio ou despachadas no mato ou encruzilhada.

28. Quanto ao pombo, depois de lavado, tempere com óleo de dendê e tempero a gosto, inclusive pimenta. Coloque para assar.

29. Quanto às vísceras: ponta do pescoço, ponta da asa, coração, fígado, moela e ovos – coloque-os numa frigideira e acrescente gotas de óleo dendê e leve ao fogo baixo. Frite-os mexendo sem parar com uma colher de madeira. Deixe-os mal passados.

30. Coloque o pombo num pires com as costas para cima, as vísceras em outro e arme assim no pires: coração, fígado e moela no meio, a ponta de uma asa de cada lado e o pescoço na frente e os ovos (se tiver) atrás.

31. Pegue os dois pires e coloque dentro da casa de Exu com os pescoços de frente para a porta. Saúde-o novamente.

32. Deixe tudo na casa por quatro dias, com velas acesas. Vá pelas primeiras horas da manhã, no final do dia, ou, à noite, se preferir. Bata a sineta e faça uma chamada a Exu. Peça tudo de bom para você e para a sua família.

Não use faca para sacrificar um pombo, seja para Caboclo, Exu, Preto-Velhos, Orixás etc. O pombo é sagrado. Além de pertencer a Oxalá, representa o divino espírito santo e a santíssima trindade. Quando for sacrificar um pombo para uma entidade use as mãos.

Levantação

No final do quarto dia, à tardinha, ou, se preferir, à noite, vá à casa de Exu com uma bacia:

1. Coloque o pombo assado dentro da bacia, as vísceras, as oferendas (milho, pipoca) sem as vasilhas, as penas, a cabeça do pombo e os pés. Recolha devagar e, com cuidado, sem levantar, mexer, arredar ou limpar a panela ou o alguidar de Assentamento.

2. Pegue frutas, mais ou menos seis e pique-as com uma faca de cozinha, como se fosse para uma salada de frutas com cascas. Coloque na bacia, por cima de tudo. Se tiver mais frutas, deixe--as na casa de Exu até ficarem velhas. Depois, despache-as.

3. Coloque óleo de dendê, mel e perfume por cima de tudo. Se tiver alguns cravos ou rosas vermelhas, destaque as pétalas e coloque por cima.

4. Deixe a faca cravada no seu lugar, bata a sineta e faça os pedidos de coisas boas. Feche a casa de Exu mantendo uma vela acesa por sete dias.

5. Pegue a bacia e leve para uma encruzilhada afastada da cidade ou de residência, forre o chão com folha de mamona ou papel de seda nas cores do Exu e vire tudo por cima.

6. Deixe uma vela branca acesa ao lado para clarear a obrigação. Volte para casa. Está tudo encerrado.

7. Se preferir, leve tudo para o mato ou praia. Faça um buraco, forre e enterre tudo, forre embaixo e em cima e coloque a terra por cima de tudo. Deixe a vela branca acesa em cima.

8. Se você mora em casa própria e quiser usar ou plantar a primeira obrigação feita ao Exu como segurança, é ótimo. Faça um buraco ao lado da casa de Exu ou atrás, na frente ou no fundo do pátio (terreno) de sua casa, forre com folha de mamoneiro ou papel de seda, coloque o conteúdo da bacia (vire no buraco), forre novamente em cima e cubra com a terra por cima de tudo. Tape bem o buraco. Se tiver animais em casa, como cachorro, coloque uma tábua ou lata em cima de tudo.

9. Está terminada a obrigação de pombo ao Exu. Daqui para frente é só cuidar, trabalhar e viver a vida com mais saúde, tranquilidade e segurança.

Feitura com aves usando um galo

- Um galo com os pés e o bico lavados (limpo)
- Mel
- Óleo de dendê
- Um pires
- Perfume
- Uma vasilha pequena contendo a metade de água
- Uma faca nova bem lavada com sabão e sem uso (não é a mesma do assentamento)
- Dois pratos fundos – qualquer cor
- Uma moeda – qualquer valor
- Uma fatia de pão

Estamos no ponto em que colocamos o óleo de dendê e mel por cima de tudo. Próximo passo:

1. Após colocar o dendê e o mel por cima de tudo, depois do material ter sido imantado com banha do ori, óleo de dendê, e mel,

coloque a panela ou o alguidar na frente da porta da casa de Exu, no chão. Improvise uma mesa com uma toalha ou plástico. Do lado, o prato fundo com a moeda, fatia de pão, quartinha, guia e a sineta dentro. Coloque o punhal ou a faca do Exu deitada em cima da panela ou o alguidar nos pés da imagem do Assentamento. Bata a sineta, saúde o Exu e coloque-o novamente no prato.

2. Pegue o galo e com uma colher coloque um pouco de mel dentro do bico.

3. Peça a alguém de sua confiança que segure o galo. O modo ideal é uma das mãos entrando por baixo das asas segurando as duas juntas (a palma da mão deve ficar virada para as asas) e a outra mão segurando os pés, também juntos.

4. Ponha o galo com o peito para frente, de frente para a panela ou para o alguidar do Assentamento. As costas ficam viradas para a pessoa, de frente para a pessoa que segura o galo.

5. Pegue a faca nova devidamente limpa e passe um pouco de mel na lâmina. Erga-a em direção às pessoas presentes e peça "Agô" (licença). Elas devem responder "Agoiê" (licença concedida).

6. Pegue a cabeça do galo com uma mão e leve em direção ao Assentamento. Com a outra segure a faca e a introduza no pescoço, bem próximo à cabeça sangrando-o. (não é para degolar, nem cortar o couro do pescoço. Espete a faca cravando entre o pescoço e o couro até sangrar)

7. Introduza a faca e force-a até o sangue (Axorô Menga) começar a jorrar.

8. Procure não mexer muito a faca. Force-a apenas quando parar de jorrar sangue. Terá um melhor aproveitamento. Deixe o sangue cair por cima de todo o Assentamento, principalmente em cima da imagem, da faca e também do prato e da quartinha. Também da sineta, guia, do pão e da moeda.

9. Tenha cuidado ao dividir o sangue jorrado entre o Assentamento e o prato. Circule-o para que não caia no mesmo lugar, mas por cima de tudo.

10. O galo não pode sofrer nem bater asas.

11. Force a faca até romper o osso do pescoço. Deixe a cabeça presa em uma parte do couro. Ao término, arranque usando as mãos.

12. Coloque a cabeça do galo na frente da imagem, na beirada da panela ou no alguidar, de frente para você, de frente para a porta da casa de Exu.

13. Pegue o galo e lave o pescoço na vasilha. A água deve estar ao lado do Assentamento, sobre a mesa improvisada.

14. Destaque sete penas de cada asa do galo e coloque sete em cada lado, uma do lado da outra, na beira da panela ou no alguidar do Assentamento. Crave-as o mínimo possível. Apenas para ficar em pé.

15. Destaque três penas da cola e crave na parte de trás, na beira da panela ou do alguidar, atrás da imagem.

16. Pegue o galo e, com a faca nova, destaque as pernas na junta e coloque-as na frente do Assentamento, uma de cada lado da cabeça do galo, deitadas com a parte que foi destacada para dentro e com os pés para frente, um pouco para fora da panela ou do alguidar, com a palma dos pés para baixo. Deixe a faca cravada em pé dentro da casa, com o fio virado para rua.

17. Destaque algumas penas das costas do galo e espalhe em cima do Assentamento. Dos lados, as penas das asas. Na frente, a cabeça e os pés. Atrás, a penas da cola. No meio, a imagem. É como se você estivesse montando o galo. O corpo é o Assentamento. Coloque algumas penas sobre o prato.

18. Pegue a panela ou o alguidar do Assentamento e coloque no seu devido lugar, dentro da casa de Exu. Coloque o prato, o Ecó,

as frutas e as oferendas. Pulverize um pouco de perfume por cima de tudo e feche a porta da casa. Está pronto.

19. Despache a água da vasilha usada para lavar o pescoço do galo na frente de sua casa, do lado de fora do portão.

Sempre que manusear o galo para tirar as penas. Ou se ele estiver em cima da mesa improvisada esperando tal fim, não o deixe com os pés virados para a rua, sim para dentro. Quando for oferecer mais de um galo para o Exu, ao invés de tirar sete penas de cada asa, tire sete penas de uma asa de cada galo. Independente de quantos. O restante do ritual segue igual. Não esqueça de lavar os pés e o bico do galo antes do ritual.

20. Recolha a mesa provisória e tudo que ainda estiver na frente da casa de Exu e leve o galo para a cozinha.

21. Depene-o com água quente e sapeque no fogo para queimar algumas penas e plumas novas. Lave o galo e abra-o.

22. Pegue uma faca de cozinha bem afiada e uma tábua de cortar carne, corte a ponta do pescoço e as pontas das duas asas do galo e reserve-as.

23. Risque o couro e corte no sentido horizontal acima do peito, próximo ao pescoço. Tire a goela e o papo puxando-os com os dedos. Corte rente ao peito.

24. Abra o galo com a ponta da faca riscando o couro do peito para baixo, no sentido vertical.

25. Introduza os dedos das mãos com cuidado e tire todas as vísceras.

26. Separe e coloque junto à ponta do pescoço e às pontas das asas: o coração, o fígado, a moela e os ovos do galo se tiver.

27. As penas do galo e as vísceras (buchadas, tripas, pulmões, etc.) podem ser enterradas no fundo do pátio ou despachadas no mato ou encruzilhada.

28. Quanto ao galo, depois de lavado, tempere com óleo de dendê e tempero a gosto, inclusive pimenta. Coloque para assar no forno.

29. Quanto às vísceras: ponta do pescoço, ponta da asa, coração, fígado, moela, ovos se tiver – depois de lavados, devem ser colocados numa frigideira. Acrescente gotas de óleo de dendê, leve ao fogo baixo e frite-os. Mexa com uma colher de madeira e deixe-os mal passados.

30. Coloque as vísceras frias no pires: coração, fígado e moela ao meio, a ponta de uma asa de cada lado e o pescoço na frente. Os ovos, atrás. Coloque o galo assado no prato fundo com o peito para baixo.

31. Pegue o pires e o prato e coloque dentro da casa de Exu com os pescoços de frente para a porta. Saúde-o novamente.

32. Deixe tudo por quatro dias com velas acesas na casa de Exu. Vá diariamente numa das primeiras horas da manhã, no final do dia, ou à noite, se preferir. Faça uma chamada a Exu (sem sineta) e peça tudo de bom para você e para a sua família.

Se preferir, após lavar o galo você pode desmontá-lo em partes pequenas, temperar a seu gosto, inclusive com pimenta e assá-lo ao forno ou cozinhar na panela de pressão e enfarofar a seu gosto. Ou também servir no prato cozido sem enfarofar, junto a um pirão feito com farinha de mandioca.

Sirva um pedaço ao Exu no Assentamento (frio ou morno) e depois às pessoas que participaram do ritual. Sirva num prato. No entanto, as pessoas devem comer com as mãos, sem talher e em pé.

Todos devem pegar o prato somente na primeira servida e mostrarem, uns aos outros, de uma vez só. Peça Agô. Todos devem responder juntos: Agoiê.

Todos podem comer e até beber uma bebida alcoólica, sem excesso.

Junte os ossos e as sobras e dê para um animal, despache no cruzeiro ou enterre no seu pátio.

Levantação

No final do quarto dia, à tardinha, ou, se preferir, à noite, vá à casa de Exu com uma bacia:

1. Coloque o galo assado dentro da bacia. Se você optou por assar, ponha as vísceras, as oferendas (milho, pipoca) sem as vasilhas, as penas, a cabeça e os pés. Recolha devagar e, com cuidado, sem levantar, mexer, arredar ou limpar a panela ou o alguidar de Assentamento. Tire a quartinha, a guia e a sineta do prato e vire na bacia o que restou. Coloque dentro da bacia a faca que usou para fazer o ritual. Deixe a outra faca, que estava dentro da panela ou do alguidar sendo consagrada ao Exu, cravada dentro da casa, com o fio para rua.

2. Pegue algumas frutas, mais ou menos seis e pique-as com uma faca de cozinha, como se fosse para uma salada de frutas com cascas. Coloque-as por cima de tudo, na bacia. Se tiver mais frutas, deixe-as na casa de Exu até ficarem velhas. Depois, despache-as.

3. Coloque óleo de dendê, mel e perfume por cima de tudo. Se tiver alguns cravos ou rosas vermelhas, destaque as pétalas e coloque-as por cima de tudo.

4. Limpe com um pano molhado a quartinha, a guia e a sineta e coloque-as nos lugares (quartinha com água). Bata a sineta e

faça os pedidos. Feche a casa de Exu e mantenha uma vela acesa por sete dias.

5. Pegue a bacia e leve para uma encruzilhada afastada da cidade ou de residência. Chegando lá, escolha o local e crave a faca com a ponta para baixo. Enterrando o máximo possível. Forre o chão por cima da faca, com folha de mamona ou papel de seda. Vire tudo em cima.

6. Deixe uma vela branca acesa ao lado para clarear a obrigação. Volte para casa. Está tudo encerrado.

7. Se preferir, leve tudo para o mato ou praia e faça um buraco, forre e enterre tudo. Forre embaixo e em cima para colocar a terra por cima de tudo. Deixe a vela branca acesa por cima. (a faca pode ficar junto à obrigação, cravada. Não precisa ficar enterrada totalmente em baixo)

8. Se você mora em casa própria e quiser usar ou plantar a primeira obrigação feita ao Exu como segurança, é ótimo. Faça um buraco ao lado da casa de Exu ou atrás, na frente ou no fundo do pátio de sua casa, forre com folha de mamoneiro ou papel de seda e coloque o conteúdo da bacia (vire no buraco). Coloque a faca cravada em cima, bem ao meio, com o fio virado para rua. Forre novamente e cubra tudo com terra. Tape bem o buraco. Se tiver animais em casa, como cachorro, coloque uma tábua ou lata em cima de tudo.

9. Está terminada a obrigação. Daqui para frente é só cuidar, trabalhar e viver a vida com mais saúde, tranquilidade e segurança.

Para as próximas obrigações você não precisará mais de outra faca. Usará, daqui para frente, somente a faca de Exu, que foi consagrada a ele com ervas e com sangue para as suas futuras obrigações.

Reforço anual do Assentamento de Exu com Aves (pombos e galos)

Reforce o seu assentamento todos os anos, seja ele feito com ervas ou aves. Com ervas, o processo foi apresentado. Entretanto, o reforço com qualquer tipo de ave é igual, independente da ave. E o processo de Assentamento é igual com qualquer tipo de ave. O que pode mudar é você usar mais de uma ave. Mesmo assim, o processo será o mesmo.

Todo ano, ao reforçar o seu Assentamento, repita o processo do mesmo modo que a primeira vez, partindo sempre do momento em que você coloca óleo de dendê e o mel por cima de tudo.

O reforço anual do assentamento com ervas e aves é obrigatório, sob pena de perder a imantação que tem uma duração de mais ou menos um ano. A partir daí, o Assentamento corre o risco de enfraquecer, e até mesmo de perder o valor.

Quarta Parte

Assentamento com Aves consideradas meio quatro Pés

Esses tipos de aves (Peru, Angolista), são considerados meio quatro pés porque são aves de maior valor as entidades, por sua força e consistência espiritual.

O uso delas no assentamento de Exu faz com que o mesmo se torne mais forte e com uma maior durabilidade (imantação). Podendo ser reforçado de dois em dois anos, o que não impede de ser ano a ano, nem de após oferecer aves consideradas meio quatro pés, voltar no próximo reforço ou ano seguinte, oferecer aves comuns (pombos, galos) sem problema algum. Respeitando sempre o tempo de duração da imantação.

Aves comuns (pombos, galos) um ano. Aves consideradas meio quatro pés (peru, angolista) dois anos.

Os assentamentos com esses tipos de aves (peru, angolista) ou animais de quatro pés (cabrito, porco ou até mesmo um boi novo) por possuírem maior quantidade de sangue (axorô, Menga), você deve dividi-lo na hora do corte, deixando cair á maior parte do mesmo no prato, alguidar ou bacia que está o pão e a moeda, para não ensanguentar muito o assentamento que na hora da levantação, não será mexido (limpo).

A faca (obé), usada para o sacrifício será a faca do Exu, que já foi consagrada ao mesmo com ervas e aves. Não precisando mais de uma faca nova para realizar o sacrifício. A imagem de gesso do Exu que acompanha o seu Assentamento até esse momento (se for o caso), você não só pode como deve trocá-la nesse momento por um Ocutá de Exu, Mineral de Exu ou por uma imagem de Exu ou vulto confeccionado de ferro, cobre ou bronze.

Trocar a imagem de gesso do Exu não significa despachá-la ou se desfazer dela. Você pode deixá-la junto ao lado do Assentamento ou em algum lugar qualquer dentro da casa do Exu. Caso a imagem esteja muito feia (detenhorada) pelo tempo e você desejar despachar ou até mesmo trocar por outra não tem problema algum. Apenas despache num lugar adequado aos Exus.

Material necessário

- Um peru macho ou angolista macho (coquem) com os pés e o bico lavados (Limpo)
- Um Ocutá de Exu, Mineral de Exu ou vulto masculino confeccionado de ferro, cobre, bronze ou madeira.
- Mel
- Óleo de dendê
- Um pires
- Perfume
- Uma vasilha pequena contendo a metade de água
- Um prato fundo qualquer cor ou alguidar médio
- Uma moeda qualquer valor
- Uma fatia de pão
- Uma travessa ou prato que caiba o peru ou a angolista assado (se for o caso)

Assentamentos

Estamos no ponto em que depois colocamos um pouco de óleo de dendê e um pouco de mel por cima do Assentamento depois dele estar devidamente montado pela feitura anterior.

Próximo passo: Siga exatamente fazendo tudo igual como foi ensinado anteriormente nos itens de um ao trinta e dois na (*feitura com aves usando um galo*). Trocando apenas o galo pelo peru ou angolista macho e algumas modificações nos itens: 1, 5, 8, 16, 30.

1. Após colocarmos o óleo dendê e o mel por cima de tudo o Assentamento, depois do restante do material ter sido imantado com banha de ori, óleo de dendê, e mel. Coloque a panela ou alguidar na frente da porta da casa de Exu, no chão. Improvise uma mesa com uma toalha ou plástico, do lado, o prato fundo ou alguidar médio com a moeda, fatia de pão, quartinha, guia, e a sineta, devidamente imantado por dentro. Bata a sineta saudando o Exu e coloque novamente no prato.

5. Pegue o obé (faca) do Exu e passe um pouco de mel na lamina. Erga-a em direção as pessoas presentes e peça "agô" (licença). Elas devem responder "agoiê" (licença concedida).

8. Enquanto isso acontece procure não mexer muito o obé, (faca) e volte a mexer e forçá-la somente quando parar de jorrar o axorô (sangue). Assim terá um melhor aproveitamento. Deixe o axorô cair por cima de todo o assentamento, principalmente em cima do prato ou alguidar que esta do lado com a quartinha, sineta, guia, pão e moeda dentro. O prato ou alguidar deve receber a maior quantia de axorô.

16. Após, pegue o peru ou angolista macho, e com uma faca de cozinha, destaque (cortar) as pernas na junta e coloque-as na frente do assentamento, uma de cada lado da cabeça do peru ou angolista macho, deitadas com a parte que foi destacada (junta)

para dentro e os pés para frente, um pouco para fora da panela ou alguidar, com a palma dos pés para baixo. Deixe o obé do Exu cravada em pé dentro da casa com o fio virado para rua.

30. Após esfriar, coloque as vísceras no pires assim: coração, fígado e moela no meio, a ponta de uma asa de cada lado e o pescoço na frente e os ovos (se tiver) atrás. Se você optou por assar a ave inteira. Coloque o peru ou angolista macho assado numa travessa ou prato fundo com o peito para baixo.

Levantação

O processo de levantação do assentamento, ou do reforço do assentamento de Exu, usando aves consideradas meio quatro pés (peru, angolista macho), é todo igual do começo ao fim do item 1 ao 9 citados anteriormente na feitura do assentamento usados como exemplo aves comuns (pombos, galos).

Devido a essas aves possuírem maior quantidade de sangue (axorô,menga), o que você pode mudar não obrigatoriamente é:

Se estiver muito calor você pode levantar a obrigação com três dias, embora o certo seja quatro dias, evitando assim que a mesma estrague na frente do Exu, além de evitar também os maus cheiros devido ao calor e até mesmo, vermes e larvas astrais contaminando o seu assentamento. O resto segue tudo igual.

Reforço do Assentamento de Exu com Aves consideradas meio quatro Pés (peru macho, angolista macho)

A cada dois anos você deve reforçar o seu assentamento, (ponto de força), feito com aves, (peru macho ou angolista macho).

O reforço com quaisquer tipos de aves é tudo igual, independente das aves, e o processo do reforço é igual ao assentamento com quaisquer tipos de aves como foi ensinado anteriormente, o que pode mudar é você usar mais de uma ave, e mesmo assim o processo será o mesmo.

Então, sempre que você for reforçar seu assentamento, repita todo o processo igual de quando você o assentou com as mesmas aves pela primeira vez.

Obs.: O reforço do assentamento com aves consideradas meio quatro pés, é obrigatório sob pena de perder a imantação que tem uma duração de mais ou menos dois anos. A partir daí, o assentamento corre o risco de enfraquecer e até mesmo perder o valor.

Quinta Parte

Assentamentos com Animais de quatro Pés

O assentamento com animais de quatro pés é considerado bem mais potente do que os que são feitos com aves, devido á força do animal e por sua consistência espiritual perante as Entidades. Ou seja, são animais considerados de maior valor para as Entidades.

Esse assentamento é um pouco mais complicado de se fazer, você vai precisar de um pouco mais de materiais, além dos que já foram citados no assentamento com aves. E também de no mínimo mais umas cinco pessoas para ajudarem na hora do ritual do corte para o Exu.

Ensinarei abaixo como fazer um assentamento de Exu com animais de quatro pés, usando como exemplo um cabrito e um galo que é o mais usado pelo povo de Umbanda e sua Linha de Esquerda.

Para isso você vai precisar de uma pessoa que saiba Corear o cabrito (tirar o couro).

O que não impede de você usar um porco ou um boi novo, e também trocar o galo por um pombo.

Não esquecendo que, seja qual for o animal de quatro pés oferecido ao Exu no seu assentamento. O mesmo deve ser sempre acompanhado de aves podendo ser (pombo, galo, peru ou angolista macho), no mínimo uma para cada animal de quatro pés.

Outro ponto muito importante é você saber que esses animais de quatro pés possuem uma quantia bem maior de sangue (axorô, menga). Portanto na hora do corte você ou a sua Entidade se for o caso, deve ter o Maximo de cuidado possível, controlando e dividindo o axorô tanto da ave quanto do cabrito. Para que caia a maior parte do axorô no alguidar, ou bacia média com uma moeda e uma fatia de pão dentro, destinado para tal fim.

Deixando cair mais ou menos 80% do axorô no alguidar ou bacia média. E mais ou menos 20% dividindo entre o Assentamento do Exu e o prato fundo com os materiais imantados (moeda, fatia de pão, guia, quartinha, sineta). O assentamento do Exu e o prato fundo com seus pertences devem receber a quantia mínima de sangue citado a cima. Somente para marcá-los, alimentá-los e imantá-los com sangue (axorô, menga). Evitando também que uma maior quantidade de axorô, apodreça sobre o Assentamento de Exu, que na hora da levantação não será mexido ncm limpo.

Evitando também o mau cheiro e até mesmo larvas e vermes astrais contaminando o seu Assentamento, atraídos pelo mau cheiro e pelo excesso de axorô que com certeza apodrecera no seu Assentamento depois da levantação.

Por isso na hora do corte devemos deixar cair o mínimo suficiente de axorô no Assentamento, e o restante nas outras vasilhas que servirão de prato e serão levantadas e despachadas com três ou quatro dias, sobre a terra ou até mesmo enterrada. Evitando assim qualquer transtorno aqui na terra ou no astral, material ou espiritual. Assim o seu Assentamento estará sempre higienizado, e com certeza lhe atrairá bastantes coisas boas e importantes para sua vida.

A imagem de gesso do Exu que acompanha o seu Assentamento até esse momento (se for o caso), você não só pode como deve trocá-la nesse momento por um Ocutá de Exu, Mineral de Exu ou por uma imagem de Exu ou vulto confeccionado de ferro, cobre ou bronze.

Trocar a imagem de gesso do Exu não significa despachá-la ou se desfazer dela. Você pode deixá-la junto ao lado do Assentamento ou em algum lugar qualquer dentro da casa do Exu. Caso a imagem esteja muito feia (detenhorada) pelo tempo e você desejar despachar ou até mesmo trocar por outra não tem problema algum. Apenas despache num lugar adequado aos Exus.

Material necessário

- Um cabrito, porco ou boi novo com os pés e boca lavados (limpo)
- Um galo com os pés e o bico lavados (Limpo)
- Um Ocutá de Exu, Mineral de Exu ou vulto masculino confeccionado de ferro, cobre, bronze ou madeira.
- Mel
- Óleo de dendê
- Um pires
- Perfume
- Uma vasilha pequena contendo a metade de água
- Dois pratos fundos qualquer cor
- Duas moedas qualquer valor
- Um alguidar ou bacia grande
- Duas fatias de pão
- Uma travessa que caiba a cabeça, pés e os testículos do cabrito
- Duas toalhas ou plásticos para improvisar as mesas

Assentamentos

Se você chegou até aqui e resolveu dar mais esse passo importantíssimo para você e seu Exu. Com certeza você já tem seu Assentamento feito anteriormente com ervas e aves comuns, ou aves consideradas meio quatro pés.

Como foi dito anteriormente esses animais considerados meio quatro pés e animais de quatro pés possuem uma maior quantidade de sangue (axorô, menga), portanto para oferecermos um quatro pés no Assentamento do Exu, alem de termos o Maximo de cuidado possível para não jorrar muito axorô fora do Assentamento e das vasilhas, devemos também ter muita responsabilidade, confiança e firmeza na hora do corte, para que tenhamos sucesso absoluto na parte material e espiritual.

E todo o axorô que jorrar (cair), fora das vasilhas, na casa do Exu, no chão e até mesmo na toalha improvisada, após o corte deve ser limpo imediatamente. Podendo usar um pano úmido.

Quero lembrar que a ave (ou aves) que acompanha o cabrito na hora do corte, deve ser cortada depois do cabrito. E o ritual de corte e a preparação referente á ave usada, é todo igual ao Assentamento feito com a mesma ave. Independente da ave, (pombo, galo, peru e angolista).

Estamos no ponto em que depois colocamos um pouco de óleo de dendê e um pouco de mel por cima do Assentamento, depois dele estar pronto e estar devidamente montado pela feitura anterior, (com aves).

Próximo passo: após colocarmos um pouco de óleo de dendê e o mel por cima do Assentamento, depois do restante do material ter sido imantado com banha do ori, óleo de dendê, e mel. Coloque a panela ou alguidar do Assentamento na frente da porta da casa de Exu, no chão, improvisando uma mesa com uma toalha ou plástico, do lado, o alguidar ou bacia grande que ira receber a maior parte do axorô, devidamente imantado com óleo de dendê e mel e com uma moeda e uma fatia de pão dentro. Também ao lado o prato também imantado com óleo de dendê e mel. Dentro uma moeda, uma fatia de pão, quartinha, guia, e a sineta. Pegue a sineta e bata saudando o Exu, pedindo tudo de bom para você e para as pessoas que estão presente. E coloque novamente no prato.

Pegue uma colher grande e coloque um pouco de mel dentro da boca do cabrito.

Pesa para as pessoas escolhidas que segurem o cabrito (homem ou mulher, em média quatro pessoas).

Devendo essas pessoas segurar o cabrito do seguinte modo. Uma das pessoas segura com uma mão á boca fechada do cabrito e com a outra mão segura uma das guampas, outra pessoa segura os pés (patas) dianteiras, outra segura o meio do corpo e a outra segura os pés (patas) traseiras.

O cabrito deve ficar na posição com os pés, o peito e barriga, virados para frente ou, seja mais ou menos de frente para a casa do Exu, a cabeça para baixo em direção ao assentamento e seus utensílios, os pés traseiros para cima e as costas do cabrito deve ficar mais ou menos virada para as pessoas que estão segurando o mesmo.

A pessoa que for realizar o ritual (corte) deve pegar o obé (faca) do Exu e passar um pouco de mel na lamina da mesma, e após erguê-la em direção as pessoas presentes e pedir "Agô" (licença), elas devem responder "Agoiê" (licença concedida).

Neste momento a pessoa que for realizar o corte, entra no meio das pessoas que estão segurando a cabeça e os pés dianteiros do cabrito, pega a cabeça do cabrito com uma mão, e leva em direção ao alguidar ou bacia grande preparado para tal fim (imantada, e com uma moeda e fatia de pão dentro). E com a outra segurando o obé (faca), bem firme, deve introduzir a mesma no pescoço do cabrito bem próximo a cabeça sangrando o. (não é para degolar, nem cortar o couro do pescoço, espete o obé cravando entre o pescoço e o couro até sangrar).

Após introduzir o obé force-á um pouco até o axorô, (sangue) começar a jorrar.

Enquanto isso acontece procure não mexer muito o obé, e volte a mexer e forçá-la somente quando parar de jorrar axorô, assim terá um melhor aproveitamento.

Deixe o axorô cair por cima do alguidar ou bacia grande, do prato com os utensílios pertencente ao assentamento (quartinha, guia, sineta etc.) não muito, e também por cima do Assentamento (não muito).

Tenha muito cuidado em dividir o axorô que está jorrando, para que caia em torno de mais ou menos 80% no alguidar ou bacia grande, e mais ou menos 20% dividido entre o prato com os utensílios e o Assentamento. Procure circular para que o axorô não caia no mesmo lugar nas vasilhas, e sim em cima de tudo. O mesmo vale para o galo.

Veja bem, tem que ser rápido e firme, pois o cabrito não pode sofrer nem berrar em hipótese alguma, sobe pena de ter que repetir todo o ritual.

Após terminar de jorrar o axorô, você devera forçar o obé fazendo toda a volta do pescoço até cortar totalmente a carne do pescoço sem destacá-lo deixando a cabeça ainda presa na junta do osso, que após você devera terminar de arrancá-la usando as mãos, girando a cabeça até destacá-la.

Feito isso coloque a cabeça do cabrito numa travessa com a parte do corte para baixo.

Pegue o cabrito e lave a ponta do pescoço na vasilha com água que deve estar do lado do assentamento, em cima da mesa improvisada, e coloque o cabrito em cima de outra mesa improvisada com uma toalha ou plástico, com os pés virados para dentro do pátio (terreno).

A seguir com uma faca de cozinha, destaque os quatro pés (patas) na junta e coloque na travessa que esta a cabeça. Ficando assim: Os dois pés dianteiros, um de cada lado da cabeça um pouquinho para frente, os dois pés traseiros, um de cada lado da cabeça ficando um pouquinho para traz. Podendo ficar por cima ou do lado dos pés dianteiros. Destaque (corte) os testículos (ovos do animal macho), e coloque atrás da cabeça, e reserve a travessa num lado até a hora de colocar dentro da casa do Exu. (esse item pode ser feito por outra pessoa).

Pesa a alguém que segure o galo (homem ou mulher), e com uma colher pequena coloque um pouco de mel dentro do bico (boca).

Devendo essa pessoa segurar o galo do jeito que uma das suas mãos entre por baixo das asas segurando as duas juntas. (a palma da mão deve ficar virada para as asas) e a outra mão segure os pés juntos.

O galo deve ficar na posição, com o peito virado para frente, ou seja, de frente para o alguidar ou bacia, prato com os utensílios, panela ou alguidar do assentamento, e as costas do galo deve ficar virada para a pessoa, ou seja, as costas de frente para a pessoa que esta segurando o galo.

Então a pessoa que esta realizando o corte, pega a cabeça do galo com uma mão, e leva em direção ao alguidar ou bacia, prato com os utensílios e Assentamento. E com a outra segurando o obé (faca) deve introduzir a mesma no pescoço do galo bem próximo a cabeça sangrando o. (não é para degolar, nem cortar o couro do pescoço, espete o obé cravando entre o pescoço e o couro até sangrar).

Após introduzir o obé force-á um pouco até o axorô, (sangue) começar a jorrar.

Enquanto isso acontece procure não mexer muito o obé, e volte a mexer e forçá-la somente quando parar de jorrar o axorô, (sangue) assim terá um melhor aproveitamento. Deixe o axorô cair por cima das três vasilhas (alguidar ou bacia, prato, assentamento).

Tenha também o cuidado de dividir o axorô que esta jorrando na proporção citada anteriormente, entre o alguidar ou bacia, prato e Assentamento, e procure circular para que não caia no mesmo lugar nas vasilhas, e sim em cima de tudo.

Veja bem, tem que ser rápido e firme, pois o galo não pode sofrer nem bater asas em hipótese alguma, sobe pena de ter que repetir todo o ritual.

Após terminar de jorrar o axorô, você devera forçar o obé até romper totalmente o osso do pescoço sem destacá-lo totalmente deixando a cabeça ainda presa em uma parte do couro que após você devera terminar de arrancar usando as mãos.

Feito isso coloque a cabeça do galo no alguidar ou panela do Assentamento, bem na frente, que fique de frente para a porta da casa do Exu, depois de colocado o assentamento dentro da casa.

Pegue o galo e lave o pescoço na vasilha com água que deve estar do lado do assentamento, em cima da mesa improvisada, onde foi lavado o pescoço do cabrito. E coloque em cima da outra mesa improvisada junto com o cabrito, com os pés virados para dentro do pátio (terreno). Cuidado fique segurando o galo para não bater asa.

A seguir, com cuidado para não bater asa, destaque sete penas de cada asa do galo e coloque sete em cada lado, uma do lado da outra, na beira da panela ou alguidar do assentamento, cravando-as o mínimo possível, somente para ficar em pé.

Depois destaque três penas da cola e crave o mínimo possível na parte de trás da beira da panela ou alguidar do Assentamento.

Após, pegue a faca de cozinha e destaque (cortar) as pernas na junta, e coloque-as na frente do assentamento, uma de cada lado da cabeça do galo, deitadas com a parte que foi destacada (junta) para dentro e os pés para frente, um pouco para fora da panela ou alguidar do Assentamento, com a palma dos pés para baixo. Após deixe o obé do Exu cravada em pé dentro da casa com o fio virado para rua.

Destaque com as mãos algumas penas das costas do galo (não muito) e espalhe em cima do assentamento. Ficando assim: dos lados as penas das asas, na frente á cabeça e os pés um de cada lado da cabeça, atrás as penas da cola. É como se você estivesse montando o galo, pois o corpo é o assentamento. Coloque também algumas penas das costas (não muito) em cima do prato com os utensílios, e em cima do alguidar ou bacia grande que recebeu a maior parte do axorô.

Agora com muito cuidado para não virar nada, pegue a panela ou alguidar do assentamento e coloque no seu devido lugar dentro dà casa de Exu. Coloque também o prato com os utensílios, alguidar com o axorô, Ecó, frutas e oferendas se tiver, tudo no assoalho na frente do Assentamento. Pulverize um pouco de perfume por cima de tudo, feche a porta da casa do Exu e está pronto.

Após, despache a água da vasilha que foi usada para lavar o pescoço do cabrito e do galo, na frente de sua casa, do lado de fora do portão (rua).

Obs.: Sempre que estiver manuseando o cabrito e o galo para tirar as penas e pernas, ou se eles estiverem em cima da mesa improvisada esperando para tal fim, não deixe nunca o galo e o cabrito com os pés virados para a rua e sim para dentro do pátio. E quando você for oferecer mais de um galo juntos para o Exu no seu assentamento, ao invés de tirar sete penas de cada asa, você tirará somente sete penas de uma asa de cada galo, independente de quantos forem, o restante do ritual segue tudo igual e não se esqueça de lavar os pés e o bico do galo e do cabrito antes do ritual.

Para finalizarmos essa primeira etapa, recolha as mesas improvisadas e tudo que ainda estiver na frente da casa de Exu, levando o galo direto para a cozinha e o cabrito deve ser pendurado para ser coreado e desmontado em partes (paleta, quarto, costela e espinhaço) por alguém que saiba.

Retire também os miúdos do cabrito considerados partes importantes do organismo do animal (coração, fígado, rins), que deve ser assados ou cozidos com bastante tempero e colocados num prato dento da casa de Exu. Podendo colocar junto no mesmo prato as inhalas do galo (ponta das asas, pescoço, coração etc.).

Tanto o galo quanto a carne do cabrito pode ser assada e distribuída em pedaços pequenos para as pessoas comerem no dia do corte, da festa ou gira comum se tiver, caso contrario consuma em casa normalmente. Em qualquer hipótese não se esqueça de colocar um pedaço para o Exu.

O couro pode ser tratado para usar em tambor ou como enfeite. As vísceras (buchadas, tripas, pulmões, etc.), podem ser enterradas no fundo do pátio (terreno), mato ou encruzilhada. O mesmo vale para o galo.

Seguindo em frente, depene o galo com água quente após, sapeque no fogo para queimar algumas penas e plumas novas que ainda ficaram. Lave o galo e vamos abri-lo.

Pegue uma faca de cozinha bem afiada e uma tabua de cortar carne, corte a ponta do pescoço e as pontas das duas asas do galo e reserve-as.

Risque o couro, cortando no sentido horizontal acima do peito, próximo ao pescoço do galo, e tire a goela e o papo do mesmo, puxando-os com os dedos e cortando rente o peito.

Abra o galo com a ponta da faca riscando o couro do peito para baixo, no sentido vertical.

Introduza os dedos das mãos com cuidado e vá tirando todas as vísceras do galo, devagar com muito cuidado.

Separe e coloque junto com a ponta do pescoço e as pontas das asas, o coração, o fígado, moela devidamente aberta e limpa e os (testículos) ovos do macho se tiver.

As penas do galo juntamente com as vísceras (buchadas, tripas, pulmões, etc.) podem ser enterradas no fundo do pátio (terreno), mato ou encruzilhada. O mesmo vale para o cabrito.

Quanto ao galo, depois de lavado novamente, tempere com óleo de dendê e tempero a gosto inclusive pimenta e coloque para assar no forno do fogão (cuidado para não assar demais).

Quanto às vísceras: ponta do pescoço, ponta das asas, coração, fígado, moela e os testículos (ovos do galo se tiver), esses devem ser colocados numa frigideira e acrescentar umas gotas de óleo dendê, leve ao fogo baixo e frite-os, mexendo sem parar com uma colher de madeira e deixando-os mal passados.

Após esfriar, coloque as vísceras no pires assim: coração, fígado e moela no meio, a ponta de uma asa de cada lado e o pescoço na frente e os testículos (se tiver) atrás. Coloque o galo assado se você optou por assá-lo, no prato fundo com o peito para baixo,

Pegue o pires e o prato se for o caso, e coloque dentro da casa do Exu com os pescoços de frente para a porta da casa do Exu, saudando-o novamente.

Se preferir pode colocar as vísceras (inhalas) do galo junto no prato com os miúdos do cabrito.

Deixe tudo na casa de Exu por quatro dias com velas acesa, indo todos os dias, nas primeiras horas da manhã ou no final do dia, ou a noite se preferir fazer uma chamada a Exu (sem sineta) pedindo tudo de bom para você e sua família.

Obs.: se você preferir após lavar o galo você pode desmontá-lo em partes pequenas, temperar a seu gosto inclusive com pimenta, e assá-lo. Ou cozinhar na panela de pressão e enfarofar a seu gosto, ou servir no prato cozido sem enfarofar junto com um pirão feito com farinha de mandioca, (sirva o pirão, caldo, galo). Podendo servir junto pedaços da carne do cabrito assado ou frito.

Antes sirva um pedaço ao exu no assentamento (frio ou morno), e depois as pessoas que participaram do ritual de assentamento do exu.

Sirva num prato, porem as pessoas devem comer com as mãos, sem talher, e em pé.

As pessoas devem pegar o prato somente na primeira servida e mostrar as pessoas ali presentes, de uma vez só para todos e pedir agô, eles devem responder todos juntos agoiê. E após podem comer podendo até ser acompanhado com uma bebida alcoólica, ex: cerveja, vinho etc. sem excesso.

No final junte os ossos e as sobras e de para um animal comer ou despache no cruzeiro ou enterre no seu pátio (terreno).

Se houver festa ou gira comum deixe tudo para servir as pessoas presentes, podendo servir e comerem sem cerimônia alguma.

Levantação

O processo de levantação do assentamento, ou do reforço do assentamento de Exu, usando animais de quatro pés (cabrito, porco, boi novo), é quase todo igual do começo ao fim do item 1 ao 9 citados anteriormente na levantação da feitura do assentamento usados como exemplo aves comuns (pombo, galo).

Devido a esses animais possuírem maior quantidade de sangue (axorô, menga) o que você pode mudar não obrigatoriamente é, se estiver muito calor você pode levantar a obrigação com três dias, embora o certo seja quatro dias, evitando assim que a mesma estrague na frente do Exu, além de evitar também o mau cheiro devido ao calor e até mesmo os vermes e larvas astrais contaminando o seu assentamento. O resto segue tudo igual com alguns acréscimos (cabeça, pés, testículos, miúdos), referente ao cabrito.

No final do quarto dia, bem á tardinha ou a noite se preferir, vá á casa de Exu com uma bacia grande.

Coloque dentro da bacia o galo assado se você optou por assar, a cabeça do cabrito (antes tire as guampas), as patas, testículos as vísceras, as oferendas (milho, pipoca) sem as vasilhas, as penas todas sem deixar nenhuma, a cabeça do galo, os pés, tudo isso você deve ir recolhendo devagar e aos poucos, com cuidado, sem levantar, mexer, arredar ou limpar a panela ou alguidar de assentamento. Tire a quartinha, guia, sineta do prato e vire o que restou na bacia, vire também o axorô que esta no alguidar ou bacia se for o caso.

Após, pegue algumas frutas, menos banana e pique-as com uma faca de cozinha como se fosse para uma salada de frutas com cascas, e coloque por cima de tudo na bacia.

Coloque óleo de dendê, mel e perfume por cima de tudo, se tiver alguns cravos vermelhos ou rosas vermelhas, destaque as pétalas e coloque por cima de tudo. (Esse último não é obrigatório).

Limpe com um pano molhado a quartinha, guia, sineta, e coloque nos seus lugares (quartinha com água), bata a sineta, fazendo sempre pedidos de coisas boas, feche a casa de Exu, mantendo por sete dias uma vela acesa.

Pegue a bacia com toda a obrigação e leve para uma encruzilhada afastada da cidade ou de residências, chegando lá escolha o local, forre o chão com folha de mamona ou papel de seda nas cores do Exu e vire tudo em cima.

Deixe uma vela agora branca e comum acesa do lado para clarear a obrigação. Volte para casa e está tudo encerado.

Se preferir, leve tudo para o mato ou praia, faça um buraco, forre e enterre tudo, forrando embaixo e em cima para colocar a terra por cima de tudo, deixe a vela branca acesa em cima.

E também se você mora em casa própria e quiser usar, plantar a primeira obrigação de quatro pés feita ao Exu como segurança de sua casa, é ótimo, faça um buraco no lado da casa de Exu ou atrás, na frente ou no fundo do pátio (terreno) de sua casa, forre com folha de mamoneiro ou papel de seda, coloque o conteúdo da bacia (vire no buraco), forre novamente em cima e cubra com a terra por cima de tudo. Tape bem o buraco, se tiver animais em casa, como cachorro, coloque uma tabua ou lata em cima de tudo para evitar que o animal destape-o.

E assim está terminada a obrigação de quatro pés ao Exu. Daqui para frente é só cüidá-lo, trabalhar e viver a vida com mais saúde, tranquilidade e segurança ao lado do seu assentamento (Ponto de Força) agora com quatro pés.

Reforço do Assentamento de Exu com Animais de quatro Pés

A cada quatro anos você deve reforçar o seu assentamento, (ponto de força), feito com animais de quatro pés, (cabrito, leitão, boi novo).

O reforço com quaisquer tipos desses animais é tudo igual, independente dos animais, e o processo do reforço é igual ao assentamento com quaisquer tipos desses animais como foi ensinado anteriormente, o que pode mudar é você usar mais de uma ave, e mesmo assim o processo será o mesmo.

Então, sempre que você for reforçar seu assentamento, repita todo o processo igual de quando você o assentou com os mesmos animais pela primeira vez.

Obs.: O reforço do assentamento com animais de quatro pés é obrigatório sob pena de perder a imantação que tem uma duração de mais ou menos quatro anos. A partir daí, o assentamento corre o risco de enfraquecer e até mesmo perder o valor.

Esclarecimento

O assentamento de Exu depois de feito pela primeira vez, em futuros cortes independente das aves ou animais de quatro pés não se mexe mais nas ponteiras, vara de marmelo ou Cambuí, tridente, corrente, chave, cabala etc. A não ser que seja para acrescentar alguns desses itens.

Apenas se limpa o Assentamento, a imagem ou o ocutá se for o caso com um pano úmido, imanta-se a imagem ou ocutá como foi ensinado anteriormente e coloca-se um pouco de mel e óleo de dendê por cima dos mesmos e esta pronto para receber o Axorô.

Só faça o plantio embaixo da casa do Exu se o imóvel for seu, caso contrario, eu sugiro que não. E o batizado seja feito depois de todo o Assentamento pronto dentro da casa do Exu.

Se você optar pelo pombo para acompanhar o quatro pés, não esqueça use as mãos para sacrificá-lo.

Quando você for sacrificar uma ave ou qualquer outro animal usando o obé (faca). Não se degola totalmente com o obé. Após sangrar e jorrar o axorô rompa o osso do pescoço da ave com o obé e termine de destacar a cabeça com as mãos. No caso de aves é só puxar, no caso de animais de quatro pés, após sangrar faça a volta do pescoço com o obé cortando a carne do pescoço e deixando preso no osso. Após você deve torcer (girar) até destacar a cabeça. E o obé do Exu deve estar bem afiada para o animal não sofrer.

Na hora da levantação, você deve tirar as guampas do cabrito (apenas o casco) puxando bem forte, lavá-las e colocá-las junto no Assentamento. Se não conseguir puxando, ai sim você pode cerrar com tudo próximo a cabeça.

A obrigação deve ser levantada no dia certo, porem se estiver muito calor e cheirando forte, você pode levantar um dia antes independente do animal sacrificado.

Na hora do corte, encima da mesa improvisada antes de colocar a vasilha com o Assentamento e demais materiais que receberão o axorô você pode (forrar) a mesa, colocar algumas folhas de jornal para que absorva alguns respingos de axorô. Após o corte é só juntar as folhas e colocá-las fora.

Independente da data da feitura ou reforço do Assentamento. Você pode cortar no mesmo, sempre que achar necessário. Porem o corte não será no Assentamento e sim numa vasilha, alguidar ou prato com uma moeda e uma fatia de pão dentro ou se preferir numa bandeja com uma oferenda bem bonita. (depois de três dias despache numa encruzilhada). Pode assar o galo para o Exu ou se preferir consumi-lo em casa normalmente sem problema algum, colocando sempre o primeiro pedaço para o Exu. Independente do corte ser no prato ou numa oferenda, os pés, cabeça e penas ficam junto na mesma vasilha montados como foi ensinado anteriormente. O mesmo vale para animais de quatro pés. As inhalas devem ser feitas normalmente.

Sempre que você for usar uma vasilha qualquer, alguidar ou prato com uma moeda e uma fatia de pão para receber o axorô, o mesmo deve ser bem imantado (engraxado) por dentro com óleo de dendê e mel.

Mais ou menos uma vez por mês você pode virar uma dose de uma bebida alcoólica pertencente ao Exu no seu Assentamento (não muito). E junto um pouco de óleo de dendê e um pouco menos de mel. Isso ajudara a manter a imantação do seu Assentamento.

Depois do, seu Assentamento receber a feitura com as aves (peru, angolista). No ano seguinte ou no próximo reforço (dois anos), você pode voltar a oferecer aves comuns. Depois do mesmo receber a feitura com animais de quatro pés (cabrito, porco ou um boi novo). Nos anos seguintes ou no próximo reforço (quatro anos) você pode voltar a oferecer aves (pombo, galo, peru ou angolista macho). Sem problema algum.

Após a feitura do seu Assentamento com aves consideradas meio quatro pés e animais de quatro pés, não significa que no reforço seguinte tenha que ser com os mesmos animais. Você pode cortar uma única vez peru ou angolista que vai valer pela feitura e nos anos seguintes cortar somente aves comuns. Podendo voltar ás mesmas aves a qualquer momento que desejar. Isso também vale para os animais de quatro pés que depois do Assentamento receber a feitura com os mesmos já consideramos um Assentamento pronto. Podendo voltar a oferecer qualquer tipo de aves ou animais de quatro pés no momento que desejar.

Vamos resumir para que fique bem claro: Posso fazer e cultuar meu Assentamento só com ervas. Posso fazer e cultuar meu Assentamento só com aves comuns. Posso fazer meu Assentamento com peru ou angolista macho uma única vez e cultuar no futuro somente com aves comuns. Posso fazer com animais de quatro pés uma única vez e cultuar no futuro só com aves comuns. Ou seja, posso intercalar qualquer tipo de aves ou animais de quatro pés no Assentamento, cuidando sempre a validade da imantação para novos reforços, ou se preferir pode reforçá-lo todos os anos independentes do animal sacrificado anteriormente ou a sacrificar no momento.

O Assentamento de Exu depois de feito com animais de quatro pés é considerado um Assentamento pronto. Caso você queira fazer o reforço com os mesmos. O prazo é de quatro em quatro anos, porem se você efetuou outros cortes de aves comuns para o Exu durante esses quatro anos, o prazo pode ser de sete anos. (caso contrario) continue com aves.

Se você preferir não precisa assar o galo inteiro para colocar na casa do Exu, nem assá-lo ou cozinhá-lo desmontado para servir as pessoas. Pode guardá-lo para ser consumido pelas pessoas da casa no outro dia ou nos dias seguinte normalmente sem problema algum. Só não se esqueça de tirar e colocar o primeiro pedaço para o Exu. O mesmo vale para o quatro pés caso não haja festa.

As inhalas (ponta do pescoço, ponta das asas, coração, fígado, moela, ovos (testículos)) parte importante do organismo do animal, essas sim são obrigatório, fazer e oferecer ao Exu no seu Assentamento.

O couro do cabrito se for o caso, você pode secá-lo e usá-lo em tambor. Pode depois de seco lavá-lo, recortar os excessos (pontas) e usar como enfeite na casa, carro ou no terreiro.

Na hora do ritual de corte o cabrito ou qualquer tipo de aves, não podem estar atados ou usar corda de forma alguma.

Todos esses Assentamentos, Reforços e Levantação contidos nesta obra, podem ser acrescentados algo a mais, mudar o jeito ou alguma ordem a seu critério ou a critério da sua entidade desde que não mude o sentido e fundamento do mesmo.

Apresentei aqui o que poderia ser apresentado!

Saravá Umbanda

Saravá Linha de esquerda

Laroiê Exu Marabô

Mensagem do Exu Marabô

Meus filhos, eu sou o Exu Marabô. Sou um Exu verdadeiro, de força e de luz. E às vezes, por carregar estas três palavras sou obrigado a lutar contra tudo e contra todos que estão errados aqui na terra, tentando cada vez mais manter seus equilíbrios.

O ser humano está cada vez mais cheio de ganância, inveja, ódio e orgulho, e assim, está sempre prejudicando a si e aos outros. Por isso, resolvi ajudar um pouco mais além do que já tenho ajudado. Aproveitei essa matéria que eu ocupo aqui na terra e que ainda faz parte junto com vocês desse plano.

Deixo esses Assentamentos (Ponto de Força) que são meus para todos vocês que conseguirem colocar as mãos. Que vocês tenham acesso e usufruam deles.

Porém, eu vos digo: tem que ser esperto, ligeiro e decidido, assim como eu. Somente assim conseguirão subir alguns degraus da vida terrena.

Não tenho palavra bonita para deixar, porque o momento em que vocês vivem aqui na terra não é propicio às palavras bonitas, e sim à esperança de dias melhores.

Espero que vocês saibam agarrar o que eu deixei. E me despeço como um humilde Exu aqui na terra, porém, de muita força e luz.

Bons dias e boas noites a todos vocês!

Exu Marabô

Recomendações

- Não faça nenhum ritual de banhos, defumações ou oferendas quando estiver em período menstrual.
- Não faça nenhum ritual de banhos, defumações ou oferendas quando tiver ingerido bebida alcoólica.
- Evite relações sexuais pelo menos 24h antes da realização de qualquer ritual.
- Não faça nenhum ritual de banhos, defumações e oferendas após ter ido ao cemitério ou velório, salvo se você se descarregar depois.
- Não faça nenhum ritual se estiver nervoso, agitado ou até mesmo se tiver discutido com alguém.
- Procure não fazer nenhum ritual usando roupa preta, salvo se for para Exu.
- Sempre que fizer um ritual na praia, rio, mata, cachoeira, cemitério, encruzilhada, saúde as Entidades que ali residem e peça licença para realizar o ritual a uma determinada Entidade. Caso você não saiba o nome das Entidades que ali residem, saúde assim: "Salve Umbanda, Salve Linha de Esquerda, Salve Povo da Mata, Salve Povo da Rua, Salve Povo do Cemitério, Salve da Praia, Salve os Preto-Velhos etc."

- Sempre que saudar uma Entidade que saiba o nome use a palavra "Salve" antes do nome da Entidade. Ex: Salve Iemanjá, Salve Exu tranca-rua, Salve o Preto-Velho Pai João, Salve Cosme e Damião etc.

- Todo tratamento espiritual não exime o paciente em caso de doença que necessite de ajuda médica. Se estiver sob cuidados continue.

Outras publicações

UMBANDA – DEFUMAÇÕES, BANHOS, RITUAIS, TRABALHOS E OFERENDAS

Evandro Mendonça

Rica em detalhes, a obra oferece ao leitor as minúcias da prática dos rituais, dos trabalhos e das oferendas que podem mudar definitivamente a vida de cada um de nós. Oferece também os segredos da defumação assim como os da prática de banhos. Uma obra fundamental para o umbandista e para qualquer leitor que se interesse pelo universo do sagrado. Um livro necessário e essencialmente sério, escrito com fé, amor e dedicação.

ISBN: 978-85-86453-22-9
Formato: 16 x 23 cm – 208 páginas
Papel: off set 75 grs

PRETO-VELHO E SEUS ENCANTOS

Evandro Mendonça inspirado pelo Africano São Cipriano

Os Pretos-Velhos têm origens africana, ou seja: nos negros escravos contrabandeados para o Brasil, que são hoje espíritos que compõe as linhas Africanas e linhas das Almas na Umbanda.

São almas desencarnadas de negros que foram trazidos para o Brasil como escravos, e batizados na igreja católica com um nome brasileiro. Hoje incorporam nos seus médiuns com a intenção de ajudar as almas das pessoas ainda encarnadas na terra.

A obra aqui apresentada oferece ao leitor preces, benzimentos e simpatias que oferecidas aos Pretos-Velhos sempre darão um resultado positivo e satisfatório.

ISBN: 978-85-86453-26-7
Formato: 16 x 23 – 176 páginas
Papel: off set 75 grs

Outras publicações

POMBA-GIRA E SEUS ASSENTAMENTOS

Evandro Mendonça inspirado pela Senhora Pomba-Gira Maria Padilha

Pomba-Gira é uma energia poderosa e fortíssima. Atua em tudo e em todos, dia e noite. E as suas sete ponteiras colocadas no Assentamento com as pontas para cima representam os sete caminhos da mulher. Juntas às outras ferramentas, ervas, sangue, se potencializam tornando os caminhos mais seguros de êxitos. Hoje é uma das entidades mais cultuadas dentro da religião de Umbanda. Vive na Terra, no meio das mulheres. Tanto que os pedidos e as oferendas das mulheres direcionadas à Pomba-Gira têm um retorno muito rápido, na maioria das vezes com sucesso absoluto.

ISBN: 978-85-86453-24-3
Formato: 16 x 23 – 176 páginas
Papel: off set 75 grs

EXU, POMBA-GIRA E SEUS AXÉS

Evandro Mendonça inspirado pelo Sr. Exu Marabô e pela Sra. Pomba-Gira Maria Padilha

A obra apresenta as liberações dos axés de Exus e de Pombas-Giras de modo surpreendente, condensado e extremamente útil. É um trabalho direcionado a qualquer pessoa que se interesse pelo universo apresentado, no entanto, é de extrema importância àquelas pessoas que tenham interesse em evoluir em suas residências, em seus terreiros, nas suas vidas.

E o que são esses axés? "Axé" é força, luz, poder espiritual, (tudo o que está relacionado com a sagrada religião), objetos, pontos cantados e riscados, limpezas espirituais etc. São os poderes ligados às Entidades.

ISBN: 978-85-86453-27-4
Formato: 14 x 21 – 192 páginas
Papel: off set 75 grs

ILÊ AXÉ UMBANDA

Evandro Mendonça ditado pelo Caboclo Ogum da Lua

Filhos de Umbanda e meus irmãos em espíritos, como o tempo e o espaço são curtos, vou tentar resumir um pouco de cada assunto dos vários que eu gostaria muito de falar, independentemente da religião de cada um. Não são palavras bonitas e talves nem bem colocadas na ordem certa desta descrição, mas são palavras verdadeiras, que esse humilde Caboclo, portador de muita luz, gostaria de deixar para todos vocês, que estão nesse plano em busca da perfeição do espírito, refletirem.

ISBN: 978-85-86453-30-4
Formato: 16 x 23 – 136 páginas
Papel: off set 75 grs

A MAGIA DE SÃO COSME E SÃO DAMIÃO

Evandro Mendonça

Algumas lendas, histórias e relatos contam que São Cosme e São Damião passavam dias e noites dedicados a cura tanto de pessoas como animais sem nada cobrar, por esse motivo foram sincretizados como "santos dos pobres" e também considerados padroeiros dos médicos.

Não esquecendo também seu irmão mais novo chamado Doúm, que junto fez parte de todas as suas trajetórias.

A obra oferece ao leitor algumas preces, simpatias, crenças, banhos e muitas outras curiosidades de São Cosme e São Damião.

ISBN: 978-85-86453-25-0
Formato: 14 x 21 cm – 136 páginas
Papel: off set 75 grs

Dúvidas, sugestões e esclarecimentos
E-mail: evandrorosul@bol.com.br

Distribuição exclusiva

www.aquarolibooks.com.br